大相撲中継アナしか語れない

土俵の魅力と秘話

元NHK大相撲中継
アナウンサー
藤井康生

TOKYO NEWS BOOKS

はじめに

令和7年一月場所後に新横綱が誕生しました。豊昇龍が74代横綱に昇進、この場所中に引退した照ノ富士に代わり頂点に立ちました。その昇進については「あまりにも甘すぎるのではないか」「もう一場所見てからでも遅くない」「極めて厳しい状況からの逆転優勝は評価できる」「さらに飛躍を期待できる」など賛否両論です。しかし、この曖昧な昇進基準も大相撲です。そこも魅力と考えれば、大相撲の見方も広がります。

私は昭和54（1979）年の春、NHKに入局しました。東京での2カ月余りの研修を経て、その年の6月8日に赴任先が決まります。北海道の北見放送局でした。実は22歳で就職するまで、北海道の地を踏んだことがありませんでした。しかし「住めば都」をはるかに超えました。社会人第一歩、北見での生活は最高の4年間であったと言い切れます。

何よりも人々の温かさ、魚介類や野菜の品質の高さ、年間を通して晴れの日も多く、氷点下30度といっても部屋の中は二重窓で守られ、思ったより雪も少なく、夏は30度を超えても爽やかで、とても暮らしやすい街でした。仕事では、スポーツ中継の担当を目標に日々励みました。これまでの人生の中で、最も真剣に勤めた4年間です。出身地の岡山弁丸出しで、人前で話すことも苦手、その分野では何の素質もないと自身で認めていた若者が、そこからの43年間をNHKアナウンサーとして全うできたのは、あの北見での経験があったからです。

その後、京都、大阪、東京と転勤する中で目標が徐々に達成され、スポーツアナウンサーとして番組や実況中継を担当することが日常となります。3歳の頃からテレビ観戦をし始めた大相撲が、自身の生業《なりわい》の中心となりました。テレビの普及とともに惹き込まれた大相撲です。その中継放送を昭和59（1984）年の名古屋場所から令和4（2022）年の初場所まで、NHKで38年間も務めることができました。おかげでNHKを退職後も、Abemaで、「ABEMA大相撲LIVE」という番組の実況担当として雇ってもらうことができました。気がつけば、大相撲に関わってちょうど40年です。今、思い返しても幸せな40年です。

そんな40年間の集大成としてまとめたのが本書です。大相撲中継での面白いエピソード、普段は窺い知ることのできない親方や力士の素顔、将来の大相撲への提言など、思いの丈《たけ》を書き綴りました。ファンには大相撲がより面白く、そうではない人には大相撲への興味が膨らむように……。そんな思い込めた一冊です。大相撲観戦のお供に、ぜひ読んでいただければ幸いです。

目次

第1章

群雄割拠！
史上まれにみる下剋上！

今、大相撲が面白い！

「下剋上」とは、下位の者が上位の者に勝ち、実権を握ることをいいます。日本の歴史上、臣として仕えていたものが、ある時、君を抑えて立場を逆転させることがありました。これを「下剋上」と呼びました。「剋《こく》する」とは、「対立すること」を指します。加えて「相手を打ち負かす」という意味があります。

大相撲界で下剋上といえば、平幕の力士が横綱や大関という上位の力士を破ったり、番付下位の力士が幕内最高優勝を果たしたりすることでしょうか。今や、その下剋上もさほど珍しいことではなくなりました。強い横綱が君臨する時代には、下剋上など簡単なことではありません。「昭和の大横綱」大鵬の全盛期には、大鵬が土俵に上がる結びの一番を見届けることなく、客席を立ち帰路に就く人が数多くいました。

大相撲中継の初日の放送では、解説者とアナウンサーがその場所を展望し、優勝予想へと話題は向かいます。

「安定感から言えばこの場所も千代の富士中心は動かないのではないでしょうか」

「場所前の調整を見ても白鵬の連覇は濃厚と言っていいと思います」

強い横綱の時代には、異論を差し挟む余地もありませんでした。大鵬、北の湖、千代の富士、貴乃花、朝青龍、白鵬……。私が知る限り、こうした横綱が無敵の時代には、「番《ばん》狂《くる》わせ」などなかなか想像もできませんでした。そう、大相撲界では「下剋上」ではなく「番狂わせ」と表現してきました。「番狂わせ」は、厳密には一つの取組で「番付下位の力士が上位の力士に勝つこと」。さらに「誰もが予想できないほどの結果」になったときに使う言葉です。今や様々なスポーツや勝負事などに「番狂わせ」という言葉が使われます。スポーツの中でとくに「番狂わせ」が起きにくいと言われるのがラグビーです。平成27（2015）年、ラグビーのワールドカップで、日本が南アフリカに勝った時「史上最大の番狂わせ」と大騒ぎでした。「番狂わせ」は、そもそも大相撲から生まれた言葉とも言われています。「番付を覆す」あるいは「この一番の結果を狂わせる」、そんな意味で生まれた表現ではないかと推測されます。

勝負事の面白さは、強い者が力や技を見せつけるところにもあります。しかし、予想もできないようなことが起こる痛快さや驚きは、観る者にとってこたえられません。「横綱も大関もしっかりしろよ」というファンの声をよく耳にします。親方からも「番付の意味がなくなってしまっている」と嘆く声が上がります。

しかし、いつの時代にも大相撲の過渡期はありました。北の富士と玉の海の「北玉時代」から輪島、北の湖の「輪湖時代」へと移る昭和47（1972）年は、横綱、大関以外の力士の優勝が４場所も続きました。曙、貴乃花、若乃花が大相撲ブームを演出する前の平成３（１９９１）年には、琴富士、琴錦という、いずれも当時の平幕力士が２場所連続で優勝しました。史上初めてのことでした。

あれから30年余りの時が過ぎ、今は「令和の戦国時代」です。白鵬から照ノ富士へと覇権が移ったかに見えた直後、照ノ富士のかつて痛めた両膝が再び悲鳴を上げました。一人横綱としての責任を一身に受け止めながらも、度重なる歯がゆい休場を余儀なくされます。大黒柱が不在の中、令和４（２０２２）年七月場所からは、逸ノ城《いちのじょう》、玉鷲、阿炎《あび》と３場所連続で平幕力士の優勝という前代未聞の事態が訪れました。その後も、熱海富士、伯桜鵬《はくおうほう》、北勝富士《ほくとふじ》などの平幕力士が、毎場所のように千秋楽まで優勝を争います。そして、ついには尊富士《たけるふじ》の１１０年ぶりとなる新入幕力士の優勝、さらに大の里の初土俵から7場所目での史上最速優勝へとつながるわけです。しかし、特定の力士が毎場所、脚光を浴びるわけではありません。「日替わり定食」ならぬ、「場所替わりヒーロー」です。

それにしても、昨今の絶対王者不在の過渡期はこれまでになく長期にわたっています。令和６（２０２４）年七月場所も、失礼ながら予想もしていなかった隆《たか》の勝《しょう》が千秋楽まで盛り上げてくれました。真剣勝負をする力士には申し訳ないのですが、ほとんどのファンにとっても私にとっても、大相撲は娯楽です。「誰が優勝するのか、誰が活躍するのか、明日の両力士の対戦はどんな結果になるのか……」。そんな思いを15日間も持ち続けることができるのが大相撲の醍醐味です。一日一日と状況が変わり、翌日の取組の待ち遠しさも、これまでにない楽しみなのかもしれません。

だからこそ「今、大相撲が面白い！」。そう言わざるを得ません。

世代交代の足音　ちょんまげでの賜盃

令和6（2024）年三月場所は、新入幕の尊富士が優勝を果たしました。快挙です。しかも、優勝を目前にした14日目に朝乃山に敗れ、右足首に大怪我を負ってしまいました。取組のあと病院で診察を受け宿舎に帰っても、歩くこともままならない状況だったと聞きます。しかし、「千秋楽も出場したい」という本人の最終的な意思を確認した師匠の伊勢ヶ濱親方は「(休場させたら）本人にも悔いが残るし、自分にも悔いが残る」と、千秋楽の出場を認めるしかなかったと話しています。

「新入幕力士の優勝は110年ぶり」と報道されました。110年前の新入幕優勝は両國勇治郎という力士です。筋肉質の美しい体で、しかも色白の美男子だったと伝えられています。小柄でも力は強く、足腰の柔軟性にも優れ、大技も得意としていました。明治から大正、そして戦中まで活躍した小説家の田村俊子が、両國に惚れ込んだという話は有名です。彼女は次のような句を残しています。

「両國を思えばうつらうつらかな」

「両國という角力《すもう》恋して春残し」

大相撲に優勝制度が設けられたのは、明治42（1909）年の夏（五月）場所からです。この頃は1場所が10日間でした。大正12（1923）年から1場所11日間に変わりますが、現在のように15日間ではありませんでした。両國が新入幕で優勝したのが大正3（1914）年夏（五月）場所。両國の優勝成績は「9勝1休」、つまりこの場所は10日間でした。両國は、その前の大正3年一月（春）場所で十両優勝を果たし、迎えた夏（五月）場所では東前頭14枚目に昇進していました。前の場所の勢いそのままに、両國は初日から7連勝。横綱太刀山《たちやま》（22代）と優勝を争っていました。太刀山は7日目を終えて6勝1休でした。当時は、不戦勝不戦敗の制度がありません。一方が休場すると対戦相手も休場扱いとなっていたのです。今考えれば釈然としない扱いでした。7日目終了時点で両國が優勝に向かって半歩先んじていました。ところが8日目、両國の対戦相手、寒玉子《かんたまご》が休場します。実は当時、同じ部屋の力士がほかの部屋の力士と優勝を争っている場合、その力士と対戦が組まれると故意に休場して、相手を休場扱いにし、同部屋力士を有利にする行為が平然と行われていました。寒玉子は太刀山と同じ友綱部屋の力士でした。ただ、この時、果たして寒玉子が故意に休場したのかどうかは、調べる材料がありません。もっとも、太刀山を休場扱いにした小常陸《こひたち》は両國と同じ出羽海部屋でしたが……。この結果、8日目を終えて太刀山と両國が7勝1休で並びました。9日目、太刀山は関脇朝潮と対戦。きわどい相撲で軍配は太刀山に上がりましたが、物言いの末「預り」となります。

昭和26（1951）年九月場所の東富士と吉葉山の対戦を最後に、この「預り」という判定がなされたことはありません。しかし、江戸時代から、「物言い」がつくような相撲では、まさに「勝負を預かる」という意味で「預り」とし、記録上は引き分けと同じ扱いとしていました。現在ならば「取り直し」も考えられます。しかし、当時は「取り直し」の制度はありませんでした。さて、この9日目の太刀山の「預り」によって、再び両國が半歩優勝に近づき、千秋楽の10日目、両國は石山に勝って新入幕優勝を果たしました。優勝争いに絡んだからといって、現在のように、番付が上位の力士と対戦が組まれることもなく、10日間で役力士との対戦は、4日目の小結玉手山《たまてやま》だけでした。現在ならば、千秋楽の結びであっても、横綱太刀山と新入幕の両國を対戦させる取組が組まれても不思議ではありません。

このように10日間の興行、しかも「不戦勝」もなく、「預り」「引き分け」などが存在した時代でしたから、今の大相撲と単純に比較することはできません。したがって、令和6年三月場所の尊富士の新入幕優勝は、史上初の快挙と言っても過言ではないでしょう。しかも、初土俵から10場所目での幕内最高優勝は、この時点では史上最速です（翌五月場所、大の里が幕下付出から7場所目で優勝し最速記録を更新）。関取の象徴「大銀杏」を結える髪の長さになるまで約2年はかかります。出世の速さに髪の伸びが追い付かず、大銀杏を結えない「ちょんまげ」姿で抱く賜盃でした。

尊富士は、相撲の名門、鳥取城北高校から日本大学へと進みましたが、学生時代は怪我が多く、大きな大会での実績はありません。しかし、大相撲界の門をたたいた後、一気に花が開きます。伊勢ヶ濱部屋での厳しい稽古や、伊勢ヶ濱親方の細部にわたる丁寧な技術指導、さらに何人もの関取や兄弟子たちの胸を借りて地力を蓄えてきました。続く五月場所は、これまた大銀杏を結えないどころか、場所直前にようやく「ちょんまげ」が結えるようになったばかりの大の里が初優勝を果たします。大の里は、日本体育大学1年生だった令和元（２０１９）年10月に国民体育大会青年の部で個人優勝、翌11月には全国学生相撲選手権大会にも優勝し学生横綱のタイトルを手にしました。さらに、3年生となった令和3（２０２１）年12月の全日本相撲選手権大会、4年生での令和4（２０２２）年12月の全日本相撲選手権大会を連覇、2年連続でアマチュア横綱にも輝いています。

前述の尊富士とは比較にならないほどの数々の実績を引っさげて、72代横綱稀勢の里の二所ノ関親方のもとに入門。令和5（2023）年五月場所、まさに鳴り物入りでの初土俵でした。周囲の期待にたがわず、幕下10枚目格付出から順調に番付を上げ、幕下を2場所、十両も2場所で通過。令和6年一月場所で新入幕を果たし、いきなり優勝争いを演じます。新入幕での優勝こそ成りませんでしたが、11勝4敗で敢闘賞を受賞。この時、大の里は「夢だった（幕内最高）優勝が、目標に変わった」と言いました。

かつて新入幕で13勝2敗という記録を作った52代横綱の北の富士さんでさえ、そんな大それたコメントはありませんでした。堂々とこの台詞が言えるところも大物感たっぷりです。大の里は翌三月場所でも千秋楽まで優勝を争い、尊富士の後塵を拝しながらも11勝4敗で敢闘賞と技能賞を受賞。さらに五月場所では、新三役小結に昇進し、単独先頭で迎えた千秋楽、優勝経験のある関脇阿炎《あび》を下し、12勝3敗であっという間に幕内最高優勝を勝ち取りました。しかも、殊勲賞と技能賞も獲得し、史上2人目（千代天山以来）の新入幕から3場所連続での三賞受賞となりました。続く七月場所は新関脇です。ここでも11日目に、それまで全勝で優勝争いの単独先頭にいた横綱照ノ富士を破り殊勲賞を受賞。史上初となる新入幕から4場所連続での三賞に輝きました。

出世に髪の伸びが追い付かない。尊富士に大の里と、２場所連続で「大銀杏の結えない力士」が賜盃を抱いたわけです。日本相撲協会によると、これは史上初の出来事だそうです。

「誰が優勝するのかわからない。だから面白い」。多くの相撲ファンが言います。もっともな意見です。

確かにいつも同じ力士が優勝していては興味が半減してしまう人も多いでしょう。「白鵬１強」の時代が終わり、今や群雄割拠の時代です。群雄割拠ならばよいのですが、厳しい言い方をすれば「団栗《どんぐり》の背比べ」と言わざるを得ない状況かもしれません。

令和６年七月場所は照ノ富士が横綱の責任を果たし、優勝しました。ところが、膝や腰に爆弾を抱えていることから、この先も絶対的な存在とは言えない状態です。大関陣を見渡しても「次の横綱はこの力士」と言い切れる存在が見当たりません。ということは、若い力士にとっては、今が一気に抜け出す大きなチャンスです。本書を執筆しているのが令和６年の初秋ですから、店頭に並ぶ頃には状況に変化があるかもしれませんが……。

ありがたいことに、幕内に限らず今の十両や幕下以下を見渡すと、のちの横綱や大関を期待したくなるような若い力士が次から次へと出現しています。大の里（令和６年九月場所後、大関に昇進）や尊富士はもちろん、平戸海、熱海富士、伯桜鵬、阿武剋《おうのかり》、木竜皇《きりゅうこう》、大青山《だいせいざん》、若碇《わかいかり》、聖富士《さとるふじ》、若ノ勝、琴栄峰《ことえいほう》、安青錦《あおにしき》、草野、丹治《たんじ》と枚挙にいとまがありません。ただ、そのほとんどの力士が、相撲の名門と呼ばれる高校や大学で実績を積んできています。あるいは、外国から日本の大相撲に夢を抱いて入門してきた若者です。かつてのように中学を卒業してすぐに入門し、大相撲の世界で一から力を蓄えていく力士は極めてまれな存在となりました。

それには様々な要因があります。

・高校や大学での指導者の力量が上がり、すぐにでも大相撲で通用するような人材を送り込めるようになった
・大相撲を目指す子供たちの親が、「せめて高校を、あるいは大学を卒業してから入門させたい」と慎重になってきた
・昭和や平成初期に比べ、そもそも力士を目指す子供たちが激減している
・子供たちにとって、いや親御さんにとっても、大谷翔平選手に代表されるような夢を抱かせる存在が、大相撲ではなくほかの競技で傑出している

など、理由はいくつもあるでしょう。

野球にしてもサッカーにしても、プロフェッショナルの世界に入るにはアマチュア時代にかなりの実績が必要です。実績がなければドラフトにもかからない、スカウトもされな

い、それがプロ競技の狭き門です。実績のない者を受け入れてくれるプロの競技は大相撲ぐらいしか思いつきません。

初代若乃花（45代横綱）の二子山親方が「土俵には金が埋まっている」と言いました。若乃花は現役時代、大家族を養うため、まさに血のにじむような努力を重ね、横綱の地位まで上り詰めました。しかし、時代は変わりました。土俵よりもグラウンドやピッチにお金が埋まっているのかもしれません。それでも、高校や大学で実績を積むことなく、その前に大相撲界の門を叩きプロの世界で最初から自身を磨く、そんな思いで入門する若者を個人的には大歓迎します。

数多くの実績を誇りながら日本体育大学を卒業して二所ノ関部屋に入門した大の里と、長崎県平戸市立中部中学校を卒業して境川部屋に飛び込んだ平戸海は、平成12（2000）年生まれの同学年です。そんな二人が初めて対戦したのは、令和6年三月場所でした。平戸海が双差《もろざ》しになりながらも、大の里に力でねじ伏せられました。続く五月場所、優勝争いを演じる大の里に対し、平戸海が左前まわしからの鋭い攻めで一矢《いっし》報いました。翌七月場所は新関脇の大の里と新小結の平戸海、互いに三役力士として対戦。仕切りを重ねるたびに両力士の表情は厳しく険しくなっていきます。いよいよ制限時間いっぱい。「今場所は負けられない」。そんな大の里の気持ちを見透かすように、平戸海が立ち合いに当たった瞬間、左に開いての突き落とし。勢い込んでぶつかっていった大の里はばったりと土俵に落ちました。

一人前の力士になっていく過程を「ちゃんこの味が染みる」と言います。この二人の対戦では「俺はもう8年以上も大相撲の世界にいる」という、ちゃんこの味が染みてきた平戸海の意地も見逃すことはできません。

職人の世界などで、下積み時代から努力し、力や技を身につけた人のことを「たたき上げ」と呼びます。大相撲界でも、中学を卒業してすぐに入門し、地道に努力をして出世すると「たたき上げの力士」と言われます。称える意味での言葉です。高校や大学時代に活躍したあと大相撲の道に入る力士を否定する気持ちは毛頭ありません。しかし、大相撲に限らず、今でも「師匠と弟子」という言い方をするこの世界での「たたき上げ」は、その努力を知る人の心を打ちます。その意味では、平戸海などは今の時代、稀有《けう》な存在として応援したくなってきます。

番付は必要なの？

現在の「大相撲戦国時代」に、果たして番付が必要なのか、番付の意味や重みがなくなってしまったのではないか、そんな意見も耳にします。私的な結論から言えば「番付」は必要です。「番付」があるからこそ大相撲を面白く観戦することができ、「番付」を考案したからこそ、長きにわたり観る者を楽しませることができたのだと考えます。番付の歴史や番付表の作成については後述することにします（第6章『知れば興味は膨らむ大相撲！歴史としきたり・番付は金庫に』参照）。

ここでは、番付を軸にした大相撲の面白さを掘り下げてみます。今やほとんどの競技に「ランキング」という、その世界での順位や等級を付ける優劣の表し方があります。いや、競技だけではなく、食べ物でも観光地でも職業でも品物でも、何にでもランキングを付ける世の中です。そんな中、大相撲でのランキングが「番付」です。世界の競技の中でも大相撲の番付は、あるいは最も歴史のあるランキングかもしれません。日本では「ランキング」という言葉を使わずに、「長者番付」「筋肉番付」「酒豪番付」などなど、様々な世界での順位を「○○番付」と呼ぶことがあります。

大相撲では横綱を頂点に、大関、関脇、小結、前頭、十両、幕下、三段目、序二段、序ノ口と階級が分かれ、前頭以下には筆頭から2枚目3枚目……とそれぞれの階級にも細かい順位があります。大相撲の15日間は、翌場所の番付を決めるために開催されます。つまり、私たちは大相撲の取組を観て盛り上がりますが、それは次の番付が決まっていく過程を観て楽しんでいるわけです。

大相撲に番付がなければどうなるのでしょうか。トーナメント方式で優勝を争うのもいいでしょう。勝ち抜き戦として何人連続で破ることができるかを競うこともできます。部屋別対抗や出身地別対抗のような団体戦も考えられます。しかし、どんな競技方法であっても、力の差がありすぎる対戦では興ざめです。横綱と入門したばかりの序ノ口力士が100回対戦すれば、間違いなく横綱の100連勝です。そんな対決を観ても、競技としての面白さはありません。ある程度、実力が拮抗《きっこう》した力士同士が戦ってこそ興味が膨らみます。とはいえ、平幕力士が横綱に対して10回に1回勝てるかどうかわかりません。しかしそこに少しでも「番狂わせ」の可能性があれば、対戦は意味を持ってきます。そのためには、誰と誰を対戦させたら面白いのか、取組を決めるための材料が必要なのです。

それが番付です。力士の立場で言えば、番付がなくても勝利を目指すことに変わりはありません。しかし、番付によって報酬や待遇も異なりますから、目標や夢を抱くためには、番付は恰好の標的といえます。大相撲の番付は実にうまくできています。横綱になるためには、大関の地位で2場所連続優勝、またはそれに準ずる成績が必要とされます。ただ、簡単ではありません。それだけに、一度横綱に昇進すれば降格することはありません。別格の地位ですから横綱に相応《ふさわ》しい相撲が取れなくなれば引退するしかありません。退き際は本人次第です。横綱という地位が明文化されるまで最高位であった大関は、2場所連続で負け越すと関脇に陥落します。しかし、関脇に下がった場所で10勝以上すれば大関に戻れるという特権があります。関脇以下は、成績次第で毎場所昇降があります。

大相撲を観戦する私たちに、力士個々の現在の強さをわかりやすく示してくれるのが番付です。時代によって、一人の横綱の実力が抜きんでていたり、あるいは横綱や大関がそれぞれ3人も4人もいてまさに「群雄割拠」であったりと様々です。その中で、強い力士を倒しながら地位をつかみ、出世していくのが大相撲です。大相撲ファンは、そこに期待と楽しみを見出します。番付は大相撲になくてはならない存在です。力士が出世していくことを「番付を上げる」と言います。

ついにやって来る！　最強日本出身横綱の時代

江戸時代の寛政元（1789）年11月、谷風梶之助（4代横綱）が新横綱として土俵に上がりました。アメリカでは初代大統領にジョージ・ワシントンが就任し、ヨーロッパではフランス革命が始まった年です。谷風以前の横綱、初代明石志賀之助、2代綾川五郎次、3代丸山権太左衛門までは、いつの時代の横綱なのか資料が残っていません。かろうじて

３代横綱丸山の生年が正徳３（１７１３）年であることは記録にあります。いずれにしても、横綱と呼ばれる力士が相撲界に現れてから約３００年（『横綱』が大相撲の地位として明文化されたのは明治42〈１９０９〉年２月）の月日が流れていました。

ハワイから来た曙が、平成５（１９９３）年一月場所後に64代横綱に昇進します。外国出身の横綱が初めて誕生した瞬間でした。曙の横綱昇進の頃は、その同期生の若乃花（３代目）と貴乃花の兄弟がいて、大相撲が隆盛を誇っていました。大方の期待通り貴乃花、そして若乃花も、曙を追いかけるようにそれぞれ65代横綱、66代横綱に昇進します。平成元（１９８９）年十一月場所の11日目から平成９（１９９７）年五月場所の２日目まで、足掛け９年46場所６６６日にわたり「満員御礼」が続いたのもこの頃です。

そこに、もう一人ハワイからやって来た武蔵丸が67代横綱に昇進。曙、武蔵丸の巨大なハワイ勢に若貴が立ち向かう構図が、大相撲ファンの心を打ち、まさに「若貴フィーバー」と呼ばれるほどの大盛況となりました。若乃花が横綱に昇進したのが平成10（１９９８）年。ところが、次に横綱となる武蔵丸の後は、いよいよモンゴルの時代に突入し、朝青龍（68代）、白鵬（69代）、日馬富士《はるまふじ》（70代）、鶴竜（71代）と続き、若乃花以来19年ぶりの日本出身横綱誕生となったのが72代稀勢の里でした。しかし、その後は再びモンゴル出身の照ノ富士が73代横綱となります。

日本の国技とも言われる大相撲に、外国出身力士が誕生することなど、江戸時代にも明治時代にも想像さえされなかったことでしょう。しかもその頂点である「横綱」に、令和7年一月場所後、8人目の外国出身力士が昇進しました。豊昇龍です。今の大相撲界で、日本人、外国人と分けて考える必要はありません。しかし、またしばらく日本出身の横綱誕生が途切れてしまうと、大相撲ファンの心情としては待ち焦がれてしまいます。

次の横綱は誰か。つまり、群雄割拠の時代から抜け出すのは誰なのか。「この力士で決まり！」と言えるほどの「絶対的な存在」がいないだけに興味は膨らむ一方です。前節の「世代交代の足音」でも触れましたが、近い将来に横綱や大関までの昇進を期待できる力士は増えてきました。どの時代にもその先を嘱望される力士は存在します。しかし、今のように絶対的存在の力士がいないからこそ、あの力士にもこの力士にもと大きく羽ばたく可能性を見出してしまいます。大相撲の看板である大関や横綱になるには、もちろん人並み外れた努力が不可欠です。しかし、持って生まれた素質を度外視して将来を語ることはできません。恵まれた素質の上に他人の何倍もの精進を重ねてこそ、その地位や名誉に近づくものだと思います。

さて、もう少し踏み込みましょう。私自身、競馬などでは大穴を予想したい人間なのですが、「次の横綱は誰か」という質問に対しては「大の里」と即答するしかありません。

これは、すでにかなりの好角家《こうかくか》や大相撲ファンも衆口《しゅうこう》一致ではないかと思います。大の里の素質や体は申し分ありません。相撲を取るために生まれてきたと言っても過言ではないでしょう。それほどとびぬけた逸材です。歴史に残るような最強横綱になるのではないか。そうまで思わせる日本人力士が現れました。

相撲でプロとアマの差は何かというと、体の芯から湧き出る力の違いです。大相撲経験者は必ずその部分の差を指摘します。ですから、過去に鳴り物入りで大相撲界に入ってきた若者でも、その大半が、大相撲で何年も稽古を積んできた力士の圧力にまずは度肝を抜かれてきました。ところが、大の里は違いました。令和５（２０２３）年五月場所、幕下10枚目格付出で初土俵を踏みます。力士として最初の一番で石崎（現朝紅龍）に突き落として敗れましたが、圧力に屈したわけではありません。攻め込みながら詰めを誤り、逆転負けを喫した相撲でした。その後の闘いを見ても、ほとんどが自ら強く当たって圧力をかける攻めの相撲でした。大相撲経験の豊かな力士を相手にしても、圧力や馬力で劣ることはありません。むしろ、負ける時は、自身の圧力が強く出足が良すぎて、土俵際で逆転される相撲がほとんどでした。入門から1年半、大の里はさらに馬力に磨きがかかりました。横綱照ノ富士と対戦しても、立ち合いの当たりでは引けを取りません。あとは、勝負の詰めをしっかりすること。そのためには腰の高さも改善していかなければなりません。そのあたりは本人が一番理解しています。

そしてもう一つ、細かい技を磨くことです。対戦相手からのマークも、場所ごとにきつくなっていきます。大の里としては得意の右四つになるためにはどうすればよいのか。不利な体勢になった場合にどう対処すればよいのかを考えなくてはなりません。対応力を磨くには日々の稽古しかないでしょう。まだまだプロの世界での経験ではほかの力士に勝てないわけですから、経験の浅さを稽古で補わなければなりません。黙々と稽古を積むことも大事ですが、自らの足りない点を集中的に繰り返し繰り返し稽古で補っていく必要があります。

あとは、師匠の教えです。大の里の課題は、師匠である二所ノ関親方（元横綱稀勢の里）が一番よくわかっています。師匠がどう教えていくのか、課題をどう克服させるのか。これは、大の里という万人が認める大器だけに、師匠の手腕にもかかっています。場所ごとに強くなっていく大の里の姿を見る楽しみも湧いてきました。ですが、大の里はまだまだ発展途上です。もっと強くなります。すべてがかみ合ってきたときに、それが2年後か3年後か、誰も太刀打ちできないほどの最強横綱になる可能性を秘めています。

大の里を独走させないために、同い歳の平戸海をはじめ、後続の有望力士たちが次々に迫ってきます。もちろん、現時点で大の里に先んじている横綱豊昇龍《ほうしょうりゅう》や先輩大関琴櫻も黙ってはいません。他の力士たちが手をこまねいているようでは、大相撲の面白さが半減します。大の里を簡単に横綱にさせているようでは、大相撲の魅力が薄れていきます。周囲の包囲網をかいくぐって本物の力をつけてこそ「最強の日本出身横綱」の誕生につながります。

双葉山、大鵬、北の湖、千代の富士、貴乃花……。歴史に輝く日本出身の横綱の名は今も語り継がれます。そのすべての横綱が、自分自身の課題を克服しながら頂点に君臨しました。大の里はこの先10年、大相撲界を引っ張っていかなければならない力士であり、それが可能な逸材です。その完成した姿を見るまでは、私も大相撲への関わりを持っていたいものです。

旬を極める伊勢ヶ濱　名門二所ノ関に佐渡ヶ嶽

相撲部屋は大家族です。他の競技でいう「チーム」とも多少異なります。「チーム」は何人かの競技者が、ともに練習し、ともに試合に臨みますが、合宿でもない限り日常的に寝食までともにすることはありません。

大相撲は各部屋が独立して共同生活を行い、その中で個々の能力を高めるために稽古を積みます。令和6年11月現在、日本相撲協会には45の部屋が所属しています。その部屋がそれぞれいくつか集まって、歴史の中で「一門」というグループを作ってきました。派閥のような存在です。現在は、「出羽海」「二所ノ関」「高砂」「伊勢ヶ濱」「時津風」と5つの一門があります。時代とともに新しい一門が誕生したり、逆に消滅したり。近年はとくに、一門の解体や、部屋によっては他の一門への合流など、頻繁に動きがあります。かつて存在した主な一門は「雷」「境川」「伊勢ノ海」「玉垣」「井筒」「友綱」「尾車」「立浪」さらに近年の「貴乃花」などです。

かつては「一門系統別総当たり」といって、優勝決定戦を除き、同じ一門内での対戦はありませんでした。たとえば、今でいえば佐渡ヶ嶽部屋の琴櫻と錣山《しころやま》部屋の阿炎、二所ノ関部屋の大の里、常盤山部屋の隆の勝などは同じ二所ノ関一門ですから、本割での対戦がないことになります。

巡業なども一門別に行われていた時代がありました。その後、昭和33（1958）年、年6場所制になったのに合わせ、巡業も日本相撲協会が全体を仕切り、一門別や部屋別では行わなくなりました。昭和40（1965）年からは、本場所での対戦も「部屋別総当たり」に改正されました。同じ一門であった力士同士も対戦が組まれるようになったのです。

それぞれの一門には、その時代その時代で強豪力士や有望力士が存在してきました。現在の番付上位力士を一門別に見てみましょう。

【出羽海一門】豊昇龍、明生《めいせい》（立浪）、平戸海（境川）、御嶽海（出羽海）、豪ノ山（武隈）など

【二所ノ関一門】琴櫻（佐渡ヶ嶽）、隆の勝（常盤山）、阿炎（錣山）、大の里（二所ノ関）、髙安（田子ノ浦）など

【高砂一門】北勝富士（八角）、千代翔馬《ちよしょうま》（九重）など

【伊勢ヶ濱一門】照ノ富士（令和7年一月場所中に引退）、熱海富士、翠富士《みどりふじ》、宝富士、錦富士、尊富士（いずれも伊勢ヶ濱）など

【時津風一門】霧島（音羽山）、大栄翔、翔猿（追手風《おいてかぜ》）、若元春（荒汐）など

この一門別の主な関取の顔ぶれを見てもわかるように、「伊勢ヶ濱一門」の幕内力士（令和6年十一月場所現在）は、6人すべてが伊勢ヶ濱部屋の力士です。伊勢ヶ濱部屋には、この他にも伯桜鵬といった、幕内でも十分に活躍できる力士も所属しています。令和6年4月に宮城野部屋が合流し、さらに大所帯となりましたが、「稽古の環境はさらに良くなった」と言う伊勢ヶ濱親方（63代横綱旭富士）のもと、質量ともに群を抜く稽古が連日行われています。まさに「旬」の部屋と言えるでしょう。強い力士がいて、その胸を借りて稽古を積むことによって次の強い力士が育ちます。強い力士がひしめいてくると、大相撲

界への入門を希望する若者たちも、その部屋に入って揉まれたいと考えるのが一般的です。親方によるスカウトもしやすくなります。有望力士の入門でさらに稽古場が活気づき、相乗効果で部屋に勢いが生まれます。「旬」の伊勢ヶ濱部屋は、間違いなくこの先も大相撲界を引っ張る部屋であり続けそうです。

昭和の大横綱を輩出した名門二所ノ関部屋。しかし、明治40（1907）年に関脇海山《かいざん》によって部屋が創設された当時は、稽古土俵もないほどの弱小部屋でした。大正8（1919）年、師匠海山と同じ高知市出身の有望な15歳の若者が入門します。玉錦という四股《しこ》名《な》で頭角を現し、稽古場を求めて他の部屋に乗り込み鍛錬を続けました。

その結果、期待通りの出世を遂げ、昭和7（1932）年、32代横綱に推挙されます。稽古場のない苦しさを味わった玉錦は、引退後は二所ノ関部屋を大部屋へと生まれ変わらせ、弟子の育成にも力を尽くしました。玉錦は34歳の若さで亡くなりますが、弟弟子の玉ノ海、そして佐賀ノ花へと二所ノ関部屋は引き継がれます。この間、のちにNHKの大相撲解説者として名を馳せる神風やのちにプロレスラーとして名を馳せる力道山など多くの関取が誕生します。極め付きは「昭和の大横綱」と後世にも語られる48代横綱大鵬の出現です。高度成長期の波に乗るような大鵬の活躍で後援者も増え、二所ノ関部屋は一気に大部屋へと成長します。さらに大関大麒麟も頭角を現し部屋を盛り立てます。

しかし、平成に入ってからは急激に力士の数も減少し、平成25（2013）年一月場所後、ついに部屋は閉鎖となります。その後、松ヶ根部屋を率いていた元大関若嶋津が二所ノ関を襲名し、平成26（2014）年12月、二所ノ関部屋が再興されました。令和3（2021）年12月からは、72代横綱稀勢の里が二所ノ関の名跡を継ぎ、令和4（2022）年6月茨城県稲敷郡阿見町の広大な敷地に土俵も2面という新しい部屋が完成しました。稀勢の里に指導を受けたいという入門者も増え、力士数も一気に20人を超える大所帯になりました。その入門者の中に、学生時代の実績を引っさげて大の里が加わり注目度も高まります。

「都心から離れ、相撲に集中できる環境に身を置きたい」。大の里が二所ノ関部屋を志願した理由です。大の里は期待にたがわぬ出世を遂げ、稀勢の里の二所ノ関部屋に、誕生からわずか3年足らずで幕内最高優勝をもたらしました。玉錦や大鵬を輩出した伝統のある二所ノ関部屋が、再び脚光を浴びる時代に突入したわけです。二所ノ関部屋から3人目の横綱が誕生する日も、さほど遠くはなさそうです。

「大の里」という四股名は、大正から昭和初期にかけて活躍した名大関の四股名です。「大ノ里」とカタカナの「ノ」を使用していました。青森県出身で出羽海部屋に所属した力士で「相撲の神様」と謳《うた》われました。1m60cm少々で100kg足らずと、当時としても小柄な力士でしたが、真っ向からの勝負を貫き大人気でした。

実は、稀勢の里の師匠である鳴戸親方（59代横綱隆の里）が、「稀勢の里」の四股名を付けるときのもうひとつの候補として「大の里」の名が挙がっていたそうです。二所ノ関親方（稀勢の里）は、その四股名を、自らの弟子に2代目「大の里」として付けるために、初代「大ノ里」の親族の許可を得ることが必要と考えました。そこで、初代「大ノ里」と同郷の青森県出身である、鳴戸部屋時代の兄弟子、西岩親方（元関脇若の里）に交渉を依頼しました。親族も初代の名前が蘇《よみがえ》ることを歓迎し、晴れて2代目「大の里」が誕生しました。

過去に使われた四股名を継ぐときに、その四股名の大きさによっては先代の関係者に許しを得ることも大相撲界の習わしです。ただし、歌舞伎界や落語界にもあるように、偉大すぎる四股名は「止め名」といって二度と使われません。これは、明文化されているわけではなく、暗黙の了解のようなものです。もっとも「双葉山」を名乗ろうなどという大それた考えは生まれないと思いますが……。

半世紀ぶりに「琴櫻」の四股名が復活しました。激しいぶちかましから一気の押し相撲で「猛牛」と呼ばれ、53代横綱まで昇りつめた名力士です。NHKの大相撲解説でもおなじみの北の富士さんをして「あいつの当たりの痛いのなんのって……。デカい頭で胸にガチーンとくるから、対戦するのが本当に嫌だったよ」と言わしめた横綱です。「琴櫻」という四股名は、故郷の鳥取県倉吉市にある打吹《うつぶき》公園の「桜」に因《ちな》んで付けられました。その由緒ある四股名が孫に受け継がれます。「大関になったら琴櫻を名乗ってもいいぞ」、幼少の頃、祖父との間で交わされた約束でした。ただ、「父であり師匠でもある佐渡ヶ嶽親方（元関脇琴ノ若）から引き継いだ四股名を大関に上げたい」という思いから、新大関の1場所（令和6年三月場所）だけ「大関琴ノ若」で土俵に上がりました。

2代目琴櫻は、祖父や父と比べても見劣りすることはまったくありません。いやむしろ、素質は三世代の中で一番です。

「次の横綱は誰か？」。最も近い位置にいるのは当然大の里と琴櫻です。琴櫻は、大関昇進後も安定した成績を残しながら、ついに令和6年十一月場所で初優勝を果たしました。大きな怪我がないの琴櫻の強みです。この初優勝で自信を引き寄せれば、間違いなく横綱の地位に昇り詰める力士です。26歳、若いとはいえ次の世代も追い上げてきています。のんびり構えている時間はありません。今こそ勝負の時です。

琴櫻の佐渡ヶ嶽部屋も二所ノ関一門です。今の佐渡ヶ嶽部屋の礎を築いたのは、二所ノ関部屋の力士として活躍した元小結琴錦です。昭和30（1955）年に引退し独立しました。琴櫻（53代横綱）や、大関琴ヶ濱、関脇長谷川などを育てました。そして、横綱琴櫻が引退後に佐渡ヶ嶽部屋を継ぎ、大関琴風、関脇琴富士や関脇琴錦をはじめ、多くの関取を誕生させました。

昭和50年代以降、佐渡ヶ嶽部屋は、力士の数でも大部屋へと変貌を遂げていきます。現在の師匠（元関脇琴ノ若）の代になり、琴欧洲や琴光喜、琴奨菊、そして琴ノ若（現琴櫻）が大関に昇進しました。

開設当初は小部屋でも、年月とともに名門と呼ばれるまでに成長する部屋もあります。佐渡ヶ嶽部屋などはその典型的な例です。大相撲の門を叩く若者が減少する中で、いかに積極的なスカウトをし続けるか、その苦労は並大抵ではありません。師匠の尽力は当然ですが、おかみさん、部屋関係者、さらに後援会組織などが一丸となって協力し、名門に押し上げます。

現在の角界を見渡せば、名門へと歴史を変えそうな部屋がいくつかあります。とくに、荒汐（元前頭蒼国来《そうこくらい》）部屋や、安治川（元関脇安美錦）部屋などには夢が広がります。

第2章

大相撲にどっぷり！
昭和・平成・令和

日本人の心を揺さぶった栃若の熱戦

大相撲は太平洋戦争中も、年に2回、一月場所と五月場所が開催されていました。野球や競馬など、当時多くの競技が開催中止となっていましたが、大相撲だけは国威発揚のためという名目で続けられました。ところが昭和19（1944）年2月、両国の国技館が陸軍によって接収されます。風船爆弾の製造工場として使われるためです。その年の5月と11月、大相撲は後楽園球場で、いずれも晴天のもと、10日間興行を行いました。11月の開催は、翌年一月場所の真冬の屋外での興行を避けて前倒ししたものです。

NHKのラジオ中継は戦時中でも行われました。観客席の中に放送席を設けて中継する様子が写真として残っています。空襲も危ぶまれる中、屋外での大相撲開催はどんな状況だったのか、想像することもできません。それでも、観戦する人もラジオを聴く人も、趣味や娯楽を満喫することができない当時の日本において、唯一の息抜きだったのかもしれません。

昭和20（1945）年3月、米軍の空襲によって国技館が被災します。近隣の相撲部屋の多くも焼失しました。多くの力士や大相撲関係者も命を落としました。戦時中に応召した力士も多くいます。吉葉山（43代横綱）は十両昇進直前に召集されました。髷《まげ》も切り短髪となって帰って来た時には、召集前に105kgあった体重が65kgにまで落ちていたそうです。栃錦（44代横綱）も十両時代の昭和19年五月場所後、海軍に召集され、静岡県新居町の浜名海兵団で機銃員となって戦闘機の迎撃にあたりました。戦況が悪化する中でも、大相撲は昭和20年5月に明治神宮での無料開催が予定されました。ところが、初日に空襲を受け延期となります。翌6月に、被災している国技館で7日間だけ非公開で開催されました。そして終戦を迎えます。

戦後、初めての大相撲の興行は、昭和20年11月、被災した国技館で行われました。栃錦はその土俵で復帰しました。しかし、双葉山（35代横綱）はその土俵に上がることなく引退します。庶民は「敗戦の中、大相撲どころではない」と大相撲への関心も薄れます。そこで、大日本相撲協会（現日本相撲協会）は、優勝決定戦制度や三賞制度を設け、大相撲人気の回復に努めました。どの競技でも人気を集めるためには、注目される「スター」が必要です。しかもそれが複数で「ライバル」関係ならば、これに越したことはありません。終戦から9年余りが経過した昭和29（1954）年九月場所後、栃錦が横綱に昇進します。29歳でした。技能相撲で出世してきた栃錦でしたが、横綱になる頃には体も大きくなり（約130kg）徐々に正攻法の取り口を身につけました。そこに若乃花が現れます。年6場所制が始まる昭和33（1958）年一月場所で大関若乃花が2回目の幕内最高優勝を果たし、

45代横綱に推挙されます。これで横綱は、千代の山、栃錦、若乃花の3人となりました。しかしこの頃、千代の山は、入門の頃から痛めていた膝が悪化し休場も増え、翌昭和34（1959）年一月場所中に引退することになります。

若乃花が横綱になる前に、栃錦と若乃花、両力士の対戦は不戦を除き24回を数えていました。栃錦の15勝、若乃花の9勝です。すでに、後世に残る名勝負を何度も演じていました。中でも昭和28（1953）年三月場所7日目、大関栃錦と前頭筆頭若ノ花（のちに若乃花）の対戦は、今でも語り継がれています。これが両力士の6回目の顔合わせでした。

両力士の攻防は、差し手争いにおっつけ合い、前捌《さば》きの応酬、投げの打ち合いに凌《しの》ぎ合い、互いの技と足腰の良さをすべて出し合い、その動きの激しさに栃錦の元結《もとゆい》が切れザンバラになるという場面もありました。そして、勝負は水入りとなる大相撲でした。左四つがっぷりからの勝負再開で、ついには栃錦が右上手投げからの左外掛けで勝ちましたが、これこそ歴史に残る名勝負です。

と、偉そうに語っていますが、この時まだ、私は生まれていません。のちに、大相撲放送などで何度か観たにすぎません。こんな相撲を目の前で観てみたい、そう思わせる一番です。栃錦と若乃花が、ともに横綱でいた期間は2年余りです。決して長くはありませんが、それでも「栃若時代」と今でも呼ばれています。

「熱戦が当たり前だった両者の対戦は、戦後の復興を目指す日本に力を与えてくれた。15日間で、その一番を観るだけでも満足だった」と好角家の祖父から聞かされました。昭和35（1960）年三月場所は、栃錦と若乃花が初日から白星を並べ、両者譲らず14戦全勝同士で千秋楽に向かうことになりました。史上初めての千秋楽全勝対決です。その前夜のことでした……。

平成19（2007）年の七月場所前、花田勝治さん（初代若乃花）のご自宅に取材で伺いました。「名古屋場所50年」という特別番組の取材です。ディレクターとカメラマンも同行しました。昭和33年、第1回の名古屋本場所優勝者の花田さんに、当時の様子や「栃若時代」についてインタビューの収録をお願いしていました。まず、2階の広い部屋に案内されます。そこには、現役時代に獲得した数々の盾やトロフィーが、ガラス棚の中に誇らしげに整然と並べられていました。花田さんの説明を聞きながら、まさに「若乃花記念館」を見学させていただきました。応接間に移動してカメラをセットし、インタビューを始めます。名古屋場所が始まった半世紀前の出来事や、その時々の花田さんの思いが、勢いのある声で語られます。栃若時代の話になり、史上初の千秋楽全勝対決について回想をお願いしました。

「何年経《た》っても忘れないですよ。前の晩は眠れなくてねえ。緊張していたのかな。遅い時間に（大阪の）宿舎を出て映画館に行くんですよ。ガラガラだったね。そうしたら、うす暗い客席にちょんまげの頭が見えるんだね。そっと後ろから近づくと、これが栃錦関なんだよ。後ろ姿でもわかりますよ。驚いてねえ。離れた席に腰をかけた。『あぁ、栃錦関も眠れないんだな』と思うと少し気持ちが楽になりましたよ」

そんな話を聞いて、「これは面白い、特ダネだ」と思いました。翌日、相撲アナウンサーの先輩に語ると、「あー、その話ね。有名な話だよ」と言われてがっかりしたのを覚えています。

さて話は、昭和35年3月20日。横綱同士、史上初の全勝対決に再び戻ります。東方栃錦、西方若乃花、仕切りを重ねます。そして制限時間いっぱい。例によって栃錦は左手で塩をまいて土俵中央へ、合わせるように若乃花も入ります。

さあ立ち合い。栃錦が少し右手を出し、両者が胸で当たり合います。一瞬の差し手争いからすぐに左四つがっぷりに。互いに上手、下手も引きます。しばらく相手の出方をうかがった後、栃錦が引きつけて東土俵に振りました。ここは若乃花も残し、左腕を抜いて栃錦の右手首を押さえまわしを切ろうとしますが、栃錦はすぐに右上手を取り直します。そこからしばらくの膠着状態。数呼吸の後、今度は栃錦が左手で若乃花の上手を切りにいきます。

ここが勝負の分かれ目でした。若乃花は上手をがっちり引いて離さず、上体が浮いた栃錦を引きつけて、最後は双差しで白房下《しろぶさした》に寄り切りました。1分近い攻防でした。若乃花が8回目の優勝を全勝で飾りました。

この翌場所、昭和35年五月場所。栃錦は、初日時津山、2日目安念山に連続で敗れ、潔すぎる引退を表明しました。引退までの7場所の成績は、14勝（優勝同点）、全勝（優勝）、12勝（準優勝）、12勝（準優勝）、14勝（優勝）、14勝（準優勝）でした。毎場所、優勝を争い、十二分に横綱の務めを果たしていました。むしろ全盛期を思わせる成績です。それでも土俵を去りました。今では考えられない横綱の矜持と美学でした。史上初の千秋楽全勝対決、これが「栃若」の最後の対戦でした。優勝回数は栃錦も若乃花も10回ずつです。栃若の熱戦は日本人の心を揺さぶりました。

それから四半世紀の月日が流れ、私は大相撲アナウンサーの新弟子として、初めて春日野部屋の朝稽古の取材に行きました。師匠の春日野親方（元横綱栃錦）に挨拶をすると「隣に座りなさい」と言われ、約3時間半、まさかの師匠の隣で話を聞きながら稽古を見学しました。普通、ありえないことです。

「こいつがよ、栃赤城がよ、このところ怪我が多くてよ……」「この栃司は、こう見えてよ、運動神経はすごい。見てな、三役は近いから……」。気さくに、力士の説明をしてくれたり、動きの解説をしてくれました。語尾に「よ」が付いていたのが印象に残っています。緊張をしながらも忘れられない時間でした。

柏鵬時代こそ番付の確かな時代

「栃若時代」の次に「時代」と呼ばれたのは「柏鵬《はくほう》時代」です。栃錦引退の翌場所、横綱は若乃花と朝潮、大関は若羽黒と琴ヶ濱でした。名古屋が本場所になって3年目、昭和35年七月場所です。

柏戸は3場所連続で関脇の地位にいました。好成績ならば大関昇進の可能性がある場所でした。しかし6日目を終わって3勝3敗、初日からすべて平幕力士との対戦でしたが白星が伸びません。ところが、中日《なかび》に新小結の大鵬に勝ったあたりから勢いに乗ります。10日目は琴ヶ濱、11日目は若羽黒と両大関を破り、ついに12日目の朝潮、13日目の若乃花と両横綱まで下し、2横綱2大関を撃破。11勝4敗の好成績を上げ、殊勲賞と技能賞を手土産に、この場所後大関昇進を果たしました。

柏戸と大鵬の対戦は、2度の優勝決定戦（いずれも大鵬の勝ち）を含めて39回ありました。柏戸の16勝、大鵬の23勝です。初顔合わせの時から、すでに大注目でした。昭和35年一月場所、大鵬が新入幕の場所でした。柏戸21歳、大鵬は19歳。大鵬はすでに「末は横綱」と言われていましたが、その期待にたがわず、初めての幕内で初日から11連勝と快進撃を見せます。ついに12日目、小結2場所目の柏戸が対戦相手に決まりました。柏戸は、報道陣から翌日の大鵬戦について聞かれたとき次のように答えたそうです。「俺は三役だぞ、番付を見ろよ」

私が大相撲中継の一員となった時、鏡山親方（元横綱柏戸）は審判部長でした。いつも土俵下からにらみを利かせ、近づくのも怖いような存在でした。3歳の時からテレビで大相撲を観てきましたが、記憶にあるのは柏鵬時代からです。大相撲に関わる仕事に就くことができたからには、鏡山親方、大鵬親方にはじっくり話を聞きたいと考えていました。

昭和60（1985）年三月場所、初めてラジオ実況の仕事をもらった場所でした。意を決して審判部の部屋を訪ねました。前年の九月場所、蔵前の国技館最後の優勝を果たした多賀竜は鏡山親方の弟子です。多賀竜について少し話を伺ったのですが、思っていた鏡山親方の印象とは異なるのです。失礼ながら穏やかで、威圧感も怖さもありません。これなら大丈夫と考えました。「親方、現役時代の話をじっくり聞きたいのですが、東京に帰ったら部屋にお邪魔しても構いませんか？」「いいですよ、いつでもどうぞ」と二つ返事でした。

5月のはじめ、連休の頃だったと思います。当時、私自身は京都放送局勤務でしたが、休みを利用して1泊2日で上京しました。早朝から鏡山部屋の稽古場にお邪魔しました。稽古終了後、ちゃんこをご馳走になり、そのあと「柏鵬時代」の話を聞きました。大鵬との初対戦の時、報道陣に「番付を見ろよ」と言ったことを覚えているか尋ねると「そんな昔のこと、覚えていませんよ」ととぼけたあとニヤリと微笑んでこう続けました。「正直言うとあの時はね、勝てる自信があったわけではなかったんですよ。負けず嫌いでね。だって、自信がないなんて言えないでしょ。『はったり』ですよ。翌朝、そのまま書いている新聞もありましたよ。えらいこと言ってしまったな、と思ってね……」と、懐かしそうに話してくれました。

さて、話は戻ります。昭和35年一月場所、新入幕の大鵬が初日から11連勝。ついに12日目は小結柏戸との対戦でした。日本中が注目する中、柏戸が左下手、大鵬は右上手での攻防。大鵬が左から起こして出ようとすれば、柏戸も右おっつけで攻め返すという、期待通り力の入る好勝負になりました。そして、土俵中央で柏戸が再び右から起こそうと一瞬動き、すぐに左から引きずるような下手出し投げを打つと、大鵬は堪えきれず前に崩れました。新入幕大鵬の連勝が止まりました。「そりゃもう悔しくてね。あれがあったから、柏戸関に何としても勝ちたい、そんな思いが強くなって、稽古にもさらに励みましたよ」。

のちに大鵬親方は、中継放送の中でそう語りました。

一方の鏡山親方は、「忘れない相撲ですよ。自分らしい相撲ではなかったけど、負けられない気持ちだったんでしょうね。なぜか攻め込まれても残せる。逆に何度攻めても、攻めきれない。やはりこいつは（大鵬は）強いと感じましたよ」と、話してくれました。なお、敗れはしましたが、大鵬の新入幕力士としての初日からの11連勝は今でも歴代1位の記録です。令和6年三月場所で新入幕の尊富士が初日から11連勝を記録し、64年ぶりに大鵬の記録に並び話題となりました。

2つ歳上の柏戸を追って大鵬も番付を駆け上がります。柏戸との初対戦から半年後、昭和35年七月場所、新三役小結で11勝4敗。翌九月場所、新関脇で14日目まで優勝を争い12勝3敗。そして迎えた十一月場所、関脇2場所目の大鵬が初優勝。この場所後に大関昇進が決まりました。翌昭和36（1961）年一月場所、大鵬が20歳の新大関として大注目でした。しかし、ここで柏戸が意地を見せます。優勝で先行された柏戸が、大関3場所目で初優勝を果たし、いよいよ「柏鵬時代」が幕を開けます。このように往時を振り返った場合の「柏鵬時代」の起点をどこにするのか、難しいところです。初対戦の時、横綱同時昇進時を起点とすることもできますが、互いに連続する場所で初優勝を果たしたこの当時が「柏鵬時代」の幕開きに相応しいと考えます。

さて、同年九月場所、優勝争いは大鵬、柏戸の両大関と西前頭4枚目の明武谷《みようぶだに》が12勝3敗で並び、優勝決定戦は巴戦となりました。まず柏戸が明武谷を寄り切りで下します。続いて大鵬が柏戸に攻め込まれながらうっちゃりで勝ちます。そして大鵬が、もう一度土俵に上がった明武谷を寄り倒しで破り、前の場所に続く優勝を決めました。

場所後、柏戸と大鵬が同時に横綱に推挙されます。戦後初の横綱同時昇進でした。ちなみに、柏戸が47代、大鵬が48代の横綱ですが、同時昇進の場合は、先に引退したほうが先の代となります。ですから、同時昇進時点では、順序を付けられません。

大鵬は昭和37（1962）年から、翌38（1963）年にかけて、史上初の6場所連続優勝を成し遂げます。一方の柏戸は初優勝以来、2年近く優勝から遠ざかります。そんな中、昭和38年一月場所前に、柏戸は右手首の捻挫に加え肝機能障害などを発症し休場。ところが、復帰した翌三月場所でまたアクシデントに見舞われます。5日目、海乃山を寄り倒しに破った時に右肩を骨折、懸賞を受け取る時に手刀《てがたな》を切ることもできませんでした。そこから長期の休場に追い込まれます。この間、栃木県の塩原温泉郷で通院治療や厳しいリハビリの日々を送りました。肩の骨折も癒えた頃には連日、地元の中学校に向かい、生徒たちとスポーツで交流し「気持ちのリハビリもできた」と振り返っています。そして、8月の夏巡業から復帰し、相撲勘を取り戻すことに専念しました。いよいよ九月場所、覚悟を持って土俵に立ちます。そこで、柏戸自身も「土俵に帰ってきた喜びだけで、予想もし得なかった」ことが起こります。

この場所なんと柏戸は、本来の攻めの相撲、休場明けとは思えない相撲で初日から14連勝。一方の大鵬も14戦全勝で、昭和35年三月場所の若乃花・栃錦以来3年半ぶりの千秋楽全勝対決が実現します。のちに、大鵬さんは「休場明けの柏戸さんには負けられないという、むしろいつも以上の重圧があった」と話してくれました。立ち合い、柏戸が踏み込みましたが、大鵬は双差しを狙いながら一気に攻めます。柏戸は左上手を取り、下がりながら右を巻き替えると逆襲、正面土俵で大鵬を寄り切りで破りました。横綱になって2年、大鵬の活躍の陰で、心身ともに苦しみ続けた柏戸が、初めての全勝優勝を果たした瞬間でした。

その後、柏戸は昭和44（1969）年七月場所の序盤で引退。「横綱にならなきゃよかったと、何度も思いましたよ、何度も。（引退を決めたときは）こんなにすっきりしたことはなかったね」と、鏡山親方となってからも、横綱時代の苦しかった思い出を振り返りました。柏戸引退の後、大鵬は幕内最高優勝を32回にまで伸ばしました。

「柏鵬時代」と今でも語り継がれています。しかし、優勝回数だけを見ると大鵬の32回に対して、柏戸は5回です。ではなぜ「柏鵬」と両雄の四股名が並べられたのか。それは「番付の重みを見せつけた時代」だったということです。柏戸は、優勝同点または優勝に次ぐ成績が15回もありました。大鵬は12回です。同時に横綱となってから約6年間は、休場さえなければ、ほとんどの場所で二人は優勝争いの中にいました。直接の対戦成績も、優勝決定戦を除けば、柏戸の16勝、大鵬の21勝です。大鵬の大関昇進以降、引退まで10年余り、63場所ありました。その間に関脇以下の力士の優勝は5回しかありません。うち3回はのちに横綱となる佐田の山（2回）と栃ノ海（1回）です。いかに柏戸・大鵬の壁が厚かったか、数字からも窺えます。

それでも鏡山親方は「柏鵬時代といっても大鵬のおかげだよ」と謙遜しました。

颯爽と北の富士、地味に強い玉の海

柏鵬時代が幕を閉じる頃、颯爽《さっそう》と現れたのが北の富士です。背は高くても体重がなかなか増えないことから、将棋の駒の「香車」と呼ばれていました。

「兄弟子からは大関になるまで香車と呼ばれていたね。『香車、出前を頼んでくれ』『香車、水を持って来てくれ』……。大関になってようやく『香車』と呼ばれなくなった。『大関』と言ってもらえるようになったんですよ」

その大関昇進の直後、今でも北の富士さんが「人生最大の転機」と振り返る出来事がありました。大関昇進から3場所が過ぎた時です。北の富士を大相撲界に導き育てた九重親方（41代横綱千代の山）と、その弟子10人が出羽海部屋を破門となります。名門出羽海部屋は江戸時代から隆盛を誇り、昭和6（1931）年の一月場所と三月場所では幕内の西方の番付はすべて出羽海部屋の力士で占められるほどでした。当時、所属力士は200人近くいたそうです。そして、出羽海部屋では、長い歴史の中で「分家独立」が許されていませんでした。その掟の中、九重親方は出羽海親方（元前頭出羽ノ花）に独立を申し出ます。「出羽海部屋を出て行くのならば『破門』しかない」というのが出羽海親方が下した裁定でした。結局、九重親方と力士、合わせて11人が出羽海部屋を出て九重部屋として独立し、高砂一門の所属となります。昭和42（1967）年1月31日のことでした。この時のことを北の富士さんに聞いたことがあります。

「大関になって1場所経った頃に九重親方から独立の話を聞かされた。俺は大反対だった。確かに九重親方に付いてきたけど、武蔵川の親方（当時の出羽海親方）にも大変世話になってきた。ずいぶんと面倒も見てもらった。育ててくれたのは出羽海部屋ですからね。佐田の山（50代横綱）関の胸を借りたおかげで大関になれたようなものですから……。それでも九重親方（千代の山）から『お前が付いてこないなら相撲界を去る』という話を聞いてしまった以上、仕方がないですよ。『わかりました。では、この話が頓挫したら俺も辞めます』と覚悟しました。苦渋の決断だったね。その時にクビと言われればそうなっていたかもしれない。『破門』とはいっても武蔵川の親方の寛大な処置ですよ」

新生九重部屋となって迎えた最初の場所で、北の富士は初めての幕内最高優勝を果たします。その場所前、北の富士は大鵬のいる二所ノ関部屋に行きます。

「大鵬さんとの稽古で8連勝ぐらいしたのかな。大鵬さんが『お前、元気だなあ、きょうはもう勘弁してくれ』って。それを聞いて自信つけたよね。でも、本場所で対戦（13日目）したら、すぐに左四つになって全く相撲にならずに負けた。その時あらためて、大鵬さんの偉大さがわかったね」

北の富士さんがそう振り返る、昭和42年三月場所。大関4場所目の北の富士は初日から12連勝、幕内では自身初めてのことでした。そして13日目、11勝1敗で追いかけてくる横綱大鵬との対戦が組まれました。北の富士は大鵬の左からのすくい投げで敗れ、両者が1敗で並びます。そして14日目、運命の対戦を迎えます。常に胸を借り、稽古をつけてもらった兄弟子、横綱佐田の山との対戦です。仕切りを繰り返しながら北の富士は「本当に悪い夢でも見ているような」気分だったと言います。昭和40（1965）年から「一門系統別総当たり制」が廃止され、「部屋別総当たり制」となっていました。部屋が異なれば対戦するのは必至です。もっとも、九重部屋はこの時すでに高砂一門ですから、「一門系統別総当たり制」が続いていても対戦はありました。本場所では初めての佐田の山との対戦、しかも初優勝の夢もかかっていました。軍配は北の富士に上がりますが「物言い取り直し」に。

「またしても悪夢ですよ。よりによって、なぜ佐田の山さんと2番取らなきゃならないのか……。ところが、稽古場では20番取っても2～3番しか勝てないのに、その時は勝ってしまうんだからねえ。不思議ですよ」

本場所での初対戦で兄弟子佐田の山に勝ち、優勝を手繰り寄せます。この14日目、大鵬が柏戸に敗れ2敗となり、翌日の千秋楽、北の富士は柏戸を肩透かしで破り初優勝を決めました。

北の富士の入門から2年後、のちの玉の海（51代横綱）が二所ノ関部屋の門を叩きます。玉の海は年齢も北の富士より2つ下です。大阪で生まれましたが大空襲で疎開し、愛知県の蒲郡で育ちました。昭和34（1959）年三月場所、玉乃嶋の四股名で初土俵を踏みます。1m73cm（横綱時代は1m77cm135kg）と上背こそありませんでしたが、抜群の足腰の強さと猛稽古で番付を上げました。ところが、玉乃嶋の幕下時代に独立騒動が起こります。玉乃嶋が入門する時に勧誘してくれた片男波親方（元関脇玉乃海）が二所ノ関部屋からの独立を目指しましたが、二所ノ関親方（元大関佐賀ノ花）がこれを許さず大騒動に進展しました。何とか決着し、玉乃嶋は片男波部屋の所属となってさらに力を付けます。

北の富士が関取に昇進したのが昭和38（1963）年三月場所です。玉乃嶋は3場所遅れて十両に上がりました。その後も順調に出世を果たし、入幕2場所目には玉乃島に改名します。北の富士の大関昇進を追うように、1場所後の昭和41（1966）年十一月場所で新大関として土俵に立ちました。当時は、かつて玉乃島の兄弟子だった大鵬に、柏戸、佐田の山、栃ノ海の4横綱時代、大関も北の富士、玉乃島、豊山と3人いました。期待されて大関に昇進した玉乃島ですが、昇進後1年間はまったく結果を出せません。ようやく昭和42年十一月場所で11勝を挙げ、そこから毎場所のように優勝争いに加わるようになります。そして、昭和43（1968）年五月場所、大鵬が初日から、柏戸が中日からそれぞれ休場し横綱不在となる中、玉乃島は13勝2敗で初優勝を果たします。

この間、北の富士は10勝が精一杯の場所が続きました。北の富士さんは当時の状況をこう語ります。

「出羽海部屋から独立してすぐ初優勝した時から、周りは次期横綱、次の優勝で横綱と騒ぎ始めて、当然耳に入るよね。有頂天になってしまってね、遊びのほうが楽しくて仕方がない。師匠もガミガミ言う人ではないから怠けてしまった時期もあったね」

佐田の山、柏戸が引退し、大鵬が一人横綱として奮闘する中、琴櫻、清國が大関に昇進した時代です。大相撲界もファンも「柏鵬時代」の次の横綱誕生を待ち望んでいました。

柏戸が引退した次の場所、昭和44（1969）年九月場所は、北の富士と玉乃島の優勝争いとなります。北の富士は11日目に玉乃島に敗れ、その後は横綱大鵬にも清國、琴櫻の両大関にも勝ちましたが、玉乃島に星一つ届かず、玉乃島が先に2回目の優勝を手にします。ここから北の富士が奮起しました。翌十一月場所、さらに年が明けて昭和45（1970）年一月場所と連続優勝を果たします。とくに、その一月場所は、またしても玉乃島との一騎打ちとなりました。一人横綱の大鵬が初日から休場する中、北の富士が13勝1敗、玉乃島が12勝2敗で、千秋楽結びの一番に雌雄を決することとなります。北の富士が勝てば2場所連続優勝で文句なく横綱昇進、玉乃島が勝てば両者による優勝決定戦です。左四つの攻防から玉乃島が北の富士に終始、右上手を与えず、最後は両まわしを引きつけて横吊りで白房下に運び、玉乃島が勝って優勝決定戦に持ち込みます。そして、決定戦。またしても左四つに渡り合います。今度は右の上手もしっかりと引いた北の富士が、引きつけて出ながら得意の右外掛けで玉乃島を沈め優勝を決めました。

場所後、日本相撲協会は、北の富士と玉乃島の両大関を横綱審議委員会に諮問しました。2場所連続優勝の北の富士は文句なしで昇進が決まります。問題は玉乃島でした。それまでにも2回、横綱昇進を見送られたことがあります。2場所前が優勝、ところが前の場所は10勝にとどまっています。しかし、大関としての実績では北の富士を上回っていることや、地力を蓄え安定感が増していることなどが評価され、両力士揃っての横綱昇進が決まりました。ここに「北玉時代」は幕を開けます。

横綱昇進を機に、玉乃島は「玉の海」に四股名を改めました。師匠である片男波親方の名を継ぐわけですが、師匠は「玉ノ海」から「玉乃海」へと改名し、ひらがなの「の」は使いませんでした。土俵入りは、北の富士は雲竜型、玉の海は不知火型を選びます。昭和45年三月、両者の新横綱の場所は、先輩横綱大鵬と三つ巴の優勝争いの末、大鵬が31回目の優勝を果たします。しかし、五月場所は北の富士が14日目に優勝を決め、続く七月場所も関脇前乃山との優勝決定戦を制し、北の富士が2場所連続で賜盃を抱きます。翌九月場所からは、奮起した玉の海が4場所連続で14勝1敗。このうち昭和46（1971）年一月場所こそ、優勝決定戦で大鵬に敗れ優勝を逃しますが、他は優勝を果たし玉の海は優勝回数を5回まで伸ばしました。一方の北の富士は、この間11勝4敗の場所が続き「イレブン横綱」などという不名誉な呼ばれ方をします。続く五月場所5日目に横綱大鵬が小結貴ノ花（のちの藤島、二子山親方）に敗れ引退、ひとつの偉大な時代が終わりを告げました。

そんな中、北の富士は初日から白星を積み重ね14連勝、千秋楽は13勝1敗の玉の海との決戦でした。この一番、北の富士が勝ち6回目の優勝を自身初の全勝で飾ります。玉の海も負けていません。翌七月場所は、玉の海が初の全勝優勝を成し遂げ、優勝回数も6回で並びます。北の富士29歳、玉の海27歳、まさに両横綱が円熟期に入り、本物の「北玉時代」はここからと思われました。

北の富士は脚も長く男っぷりも抜群で、立ち姿の美しい横綱でした。塩をまく時も、左手はまわしに置き、右手で横から手首を使うようにして颯爽と土俵に入ります。玉の海は上背こそありませんが、いかにも下半身に力を蓄えた横綱でした。その雰囲気は、北の富士に比べると地味です。それでも「双葉山の再来」と言われたように、負ける姿が想像できない横綱でした。私は、当時小学生から中学生の頃でしたが、正直に言って「北玉時代」といっても玉の海のほうが強い」と感じていました。得意の四つ身は、北の富士が左、玉の海が右の「けんか四つ」です。その争いにも注目でしたが、ほとんどの対戦が左四つ、あるいは北の富士の双差しとなりました。北の富士の差し身に一日の長があったわけです。しかし、不利な体勢でも玉の海は対抗できました。玉の海が得意とする右四つになったのは、優勝決定戦を含む46回の対戦の中で数回しかないと思います。しかし、右四つになれば玉の海は負けません。とくに左からの上手投げで北の富士を仕留めました。

ところが、玉の海は全勝優勝を果たした七月場所の前から虫垂炎を発症していて、ついに場所後の夏巡業中に痛みが激しくなります。実は、九月場所後に兄弟子大鵬の引退相撲が予定されていました。当時は虫垂炎の手術も、今のように短期間での回復は望めません。玉の海は、虫垂炎の手術に踏み切ると九月場所に間に合わず、大鵬の引退相撲にも出場できなくなることから、九月場所の強行出場に踏み切ります。その九月場所では、今度はまた北の富士が全勝優勝を果たします。玉の海は薬で痛みを散らしながら12勝3敗で終えました。そして場所後、大鵬の引退相撲に出場し、大鵬最後の土俵入りの太刀持ちを務めました。その後、虫垂炎の手術を受け順調な回復でしたが、翌日に退院を控えた昭和46（1971）年10月11日、27歳の若さで旅立ちました。虫垂炎の術後、肺血栓を併発したことが原因とされました。この時、北の富士は岐阜県羽島市での巡業中でした。宿舎に車で帰って来た時に訃報を耳にします。

「後にも先にも、あんなに泣いたことはないですよ。俺、人が亡くなっても泣くような人間ではないんだけど、なんだろうね……やっぱり、好きだったのかな。人間的にね」

玉の海が虫垂炎の痛みをこらえていた8月の夏巡業は、北海道へ行くA班と本州を回るB班に分かれ行われていました。横綱北の富士のA班が日程を終えた時、B班の横綱玉の海が虫垂炎で緊急入院のため帰京しました。B班はまだ巡業中です。連絡を受けた北の富士は、急遽秋田県八郎潟に向かいます。北の富士の土俵入りは「雲竜型」ですが、この時ばかりは玉の海に代わり「不知火型」の土俵入りを披露しました。「化粧まわしも綱も持って行かなかった。玉の海の化粧回しをつけて綱を締めたからには当然、不知火型ですよね。せりあがりになると両手を広げて……。誘われるように不知火型。とっさだった。計算ではないですよ。土俵下にいた親方衆や若者頭が『おいおい』、会場も少しざわざわ」

北の富士さんはそう振り返りますが、「支度部屋で不知火型の練習をしていた」と話す相撲関係者もいます。「アドリブか、台本通りか」の真偽のほどはともかく、玉の海を思う心が伝わる北の富士の不知火型でした。

「雲竜型」「不知火型」の両方の横綱土俵入りを披露したのは歴史上、北の富士が最初です。ちなみに史上2人目として、40年後の平成23（2011）年12月4日、大分県の宇佐神宮で白鵬が本来の「不知火型」ではなく「雲竜型」の土俵入りを披露しました。「双葉山生誕100年記念」のイベントでの出来事でした。

玉の海が亡くなった後の十一月場所、北の富士は13日目に優勝を決めます。「十一月場所は何が何でも優勝したかった。弔い合戦ですよ」。ところが翌年、北の富士は不振に陥ります。昭和47（1972）年九月場所で全勝優勝、翌昭和48（1973）年三月場所で10回目の幕内最高優勝を果たしますが、かつての勢いはありません。「玉の海が逝ってしまって何か力が抜けて、ぽっかり穴が開いたような状態だった。引退を考えたこともあったね」

北の富士が10回目の優勝をつかんだ場所は、琴櫻（53代横綱）が新横綱となっていました。さらに、輪島（54代横綱）や北の湖（55代横綱）、貴ノ花なども近づいてきていました。それまで大きな怪我もなかった北の富士も31歳となり、ろっ骨骨折や左膝の靱帯損傷など体が悲鳴を上げ始めます。玉の海の急逝から一人で横綱を張ってきた精神的な疲れも限界にきていました。3場所連続の休場から土俵に復帰した昭和49（1974）年七月場所、初日に前頭筆頭の旭國、2日目は関脇大受に敗れ、ついに17年半の土俵人生に幕を下ろしました。

NHK専属解説の北の富士勝昭さんと四半世紀にわたり放送でご一緒しましたから、「北玉時代」について書き始めると、どうしても長くなってしまいます。それでも書き足りません。もう少し、北の富士さんから聞いた玉の海さんの思い出について記しておきます。

「玉乃島（のちの玉の海）を意識するようになったのは、実際には幕内で対戦するようになってからかな。幕下の頃から名前は知っていた。玉乃島が十両に上がった頃、出羽海部屋に稽古に来て、その時が最初の対戦だったと思う。俺もまだ細いし玉乃島も小さかった。周りは期待の力士として『玉乃島、玉乃島』って言う。でも対戦してみると『少ししぶといけど大したことはないな』と感じた。互いに横綱になったあと、座談会でその頃の話になった時、玉の海が『俺もそう思っていた。北の富士が有望って言われるけどそれほどでもないね』って」

「玉の海は、あまり実家のことは話さなかった。彼が亡くなったあと実家に挨拶に行ったら、壁に色紙が飾ってあった。自分の手形を押した色紙に『お母さんの家を建てる』と書いてあった。関脇ぐらいの時に建てているんだよね、母親の家を。大したもんだよ。それを見たときに、ああ、俺とはずいぶん違うなあと思ってね。俺は全部、飲み代」

「ボウリングでも対決したね。あの頃流行っていたから……。巡業にはマイボールを持って行った。指は太いし足もデカいから特注だった。玉の海は上手かった。アベレージは200点以上。ギターも弾くし器用だったね。玉の海は明るかったよ、とっても。でも、玉の海はお酒を飲まなかったから、プライベートでは一緒に飲みに行ったことは一度もないんだよ」

「一番の相撲を取り終えて、互いに頑張った、力を出し切れたと思ったのは玉の海だけかもしれないね。他の力士とは思いが全然違う。清國さんや琴櫻さんのほうが競った期間は長いんだけどね。玉の海は不幸にして早く逝ってしまったから、濃密な思い出になるのかもしれない。玉の海ともっと相撲を取りたかったと思う。彼が長生きしてくれたら、それなりの北玉時代と言われるような恥ずかしくない成績を残せたかもしれないしね。俺は、北玉時代って言われると、ちょっと恥ずかしくなるんだよ。それにしても玉の海は、安定度は抜群だった、『双葉山の再来』と呼ばれたぐらいだからね。こっちは『イレブン横綱』だもんね」

こうしてみると、北の富士と玉の海は対照的な面のほうが多かったように思えます。得意の四つ身も、醸し出す雰囲気も、そして生き様も、対極にあったからこそ互いを尊重し、互いに気が合ったのかもしれません。玉の海が相撲人生を全うしていたら「北玉時代」はどうなっていたのか、指導者としてはどうだったのか、今となっては、答えは出ません。

判で押したように左四つ、輪湖時代

「北玉時代」から「輪湖時代」へと移ります。北の富士、琴櫻の両横綱だけの時代は短く、輪島という逸材が現れました。当時としてはまだ珍しい学生相撲出身力士でした。日本大学を卒業し、昭和45（1970）年一月場所で、幕下付出として初土俵を踏みます。2場所連続で幕下優勝、3場所目には十両です。そして昭和46（1971）年一月場所、丸1年で新入幕を果たします。この場所、大鵬が32回目（結果的には最後）の優勝を果たし、北の富士、玉の海を加えた3横綱でした。片や「怪童」と呼ばれた北の湖が十両昇進を目前にしていました。

輪島の出世は留まるところを知らず、翌昭和47（1972）年五月場所で関脇として初優勝を果たし、その年の九月場所後には大関の地位を射止めます。そして、大関4場所目の昭和48（1973）年五月場所で北の富士、琴櫻の両横綱を破り全勝優勝。初土俵からわずか3年半で横綱に昇り詰めました。この頃、北の湖は三役に定着し、昭和49（1974）年一月場所後、北の湖は20歳の若さで大関に昇進します。大関はわずか3場所で通過し、昭和49年七月場所後に55代横綱に推挙されます。NHKが大相撲のテレビ中継を開始した昭和28（1953）年5月16日（五月場所初日）、まさにその日に北海道有珠《うす》郡壮瞥《そうべつ》町《ちょう》で誕生した「怪童」北の湖が、期待通りの出世を果たしました。北の湖の横綱昇進前、すでに琴櫻も北の富士も土俵を去っていました。「輪湖時代」の到来です。

結論から言えば、両者は2回の優勝決定戦を含めて46回の対戦があります。輪島の24勝、北の湖の22勝です。初顔合わせから3年ほど、輪島が番付の差を見せつけ13勝3敗と先行していました。しかし、北の湖が横綱に昇進した頃から勝負が拮抗し、後半は北の湖が追い付いてきました。年齢は5つほど輪島が上です。最後は若い北の湖に軍配が上がりました。そんな対戦成績よりも何よりも、輪湖の両横綱の対戦には疑問に思うことがありました。8年半にわたる名勝負の歴史でしたが、その相撲の流れは九分九厘、左四つでの戦いでした。立ち合いからすぐに左四つになります。何度対戦しても同じ形です。輪島が左下手を取る。北の湖は右上手。輪島が右から絞る。この展開です。もちろん、両横綱は左四つが得意な形ですから当然かもしれません。それでも「なぜもっと工夫がないのか。互いに、相手の得意の形にさせない戦い方がないのか」と素人ながらいつも感じていました。

私が高校生の時代から、NHKに就職してもしばらくは両横綱の戦いが続いていました。

北の湖さんが理事長に就任した後、その疑問を本人に尋ねたことがあります。

「輪島に下手を取らせないとか、敢えて右四つを狙っていくとか、方法はあったと思いますよ。それでもね、互いに十分な形で戦いたかったんだと思います。相手もそう思っていたはずですから……」

北の湖理事長の言い方には、小細工はしたくないという強い意思が込められていました。そこには横綱としての矜持があったのかもしれません。もちろん、互いにです。

もうひとつ、北の湖理事長に思い切って聞いたことがあります。横綱北の湖は、相手を土俵下に突き飛ばしても、手を貸して土俵に引き上げようとはしませんでした。勝った後は、プイと踵《きびす》を返し自身の二字口に戻りました。そのことについても質問しました。

「自分が土俵下に吹っ飛ばされたらどんな気持ちになるかです。情けなくて悔しくて、手を貸してもらおうなんて思わないですよ。手を伸ばされても拒否します。そこですよ。負けたほうはその瞬間、助けてもらいたいなんて思わないですから……」。北の湖理事長の言葉には説得力がありました。負けた力士の悔しさを慮《おもんぱか》り、あえて手を差し伸べることをしなかったそうです。

「黄金の左」と呼ばれた横綱輪島。対戦したことがある親方たちは「左の下手投げは確かに強かった。しかし、本当の強さは右からの絞りだった」と口を揃えます。「憎たらしいほど強い」と呼ばれた北の湖は、横綱の自負を全うしました。土俵ではどっしり構えていましたが、とてもせっかちでした。インタビューのお願いをすると、約束の時刻よりも30分以上も早く姿を見せました。カメラのセッティングもまだできていない時間です。

藤井「すみません。急いで準備します」

北の湖「俺がいつも早すぎるんです。気にしないでください」

見た目の威圧感とは無縁の対応、それが北の湖さんです。相撲の取り口の解説は当代随一と言っても過言ではありませんでした。

千代の富士というヒーローの出現

ＮＨＫ大相撲中継の最高視聴率は昭和56（１９８１）年一月場所の千秋楽です。52・2%、瞬間視聴率は65・３%（いずれもビデオリサーチ調べ）という驚異的な数字でした。そこには千代の富士というスーパーヒーローの出現があります。前の年、昭和55（１９８０）年の秋にはプロ野球でも時代が変わろうとしていました。巨人の長嶋茂雄監督が10月に退任、翌11月には王貞治選手が引退と、歴史は大きく動いていました。

千代の富士は昭和30（１９５５）年6月1日、北海道松前郡福島町で生まれました。小学生の頃から父の漁業を手伝い、船に乗ることで足腰は存分に鍛えられました。運動神経は抜群で、陸上部に所属した中学時代は、とくに短距離と跳躍種目で「数年後にはオリンピック代表候補」とも期待されていました。「故郷に秋元貢《あきもとみつぐ》という有望な中学生がいる」と聞いた福島町出身の九重親方（41代横綱千代の山）が、貢少年の実家まで勧誘に赴きました。ところが、本人は大相撲に全く興味がなく、両親にも断られてしまいます。九重親方の最後の手段は「飛行機」でした。「飛行機に乗って東京に行ってみよう。相撲はそれから考えればいい」

誘われた貢少年は、「飛行機」に乗りたい一心で上京しました。本人によれば、両親はその後も長い間、大相撲界への入門を反対していたそうです。東京の中学から定時制の高校へと進学しましたが、大相撲に専念するため高校を中退、昭和45（1970）年九月場所で初土俵を踏みます。このとき九重部屋には現役の横綱として北の富士がいました。初土俵から3場所目には「千代の冨士」という四股名をもらいます。師匠の千代の山と当時の兄弟子横綱北の富士に因んだ命名でした。その期待通りに19歳にして新十両昇進を果たします。四股名の「冨」を改め「千代の富士」としますが、5文字表記の関取は史上初と話題になりました。しかし、幕下の頃から苦しめられた左肩の脱臼は、その後も繰り返され出世を阻みます。昭和52（1977）年10月に師匠（千代の山）が亡くなり、井筒部屋を興していた北の富士が年寄九重を襲名して部屋を合併し、新九重部屋として継承します。千代の富士の脱臼癖は、先天的に肩の関節が浅く臼が小さいのが原因とされていました。それに加え、強引な投げで勝負を決めにいく取り口が、度重なる脱臼の引き金となっていたのです。新師匠の九重親方（北の富士）は、左前まわしを下から取りにいき、すぐに引きつけて出る相撲を稽古場から徹底させました。千代の富士は、投げに頼らない取り口に変えていくことによって、幕内に定着できるようになります。ところが、昭和54（1979）年三月場所で、今度は右肩の脱臼に襲われました。医師からは、肩の周囲を筋肉で固めることを指導され、本人によれば「そこから毎日1000回の腕立て伏せ、バーベルや鉄アレイによる筋力トレーニングをノルマ」としました。やがて筋肉の鎧を身につけた千代の富士は、おおよそ力士とは思えないような体つきに変身していきました。

　昭和55年九月場所、小結で10勝5敗、左前まわしを引いての速攻が完全に千代の富士の持ち味となりました。翌十一月場所、新関脇の地位で11勝4敗、いよいよ昭和56年一月場所は大関昇進をかけての15日間です。初日から白星を重ね、5日目に横綱輪島を上手投げで破り、さらに勢いに乗ります。中盤からは投げに頼らず、身につけた左前まわしの引きつけから出足の相撲で、12日目には横綱若乃花も倒します。14戦全勝でいよいよ千秋楽、横綱北の湖との対戦です。千代の富士は14連勝の時点で、すでに場所後の大関昇進はほぼ手中にしています。北の湖は13勝1敗、逆転優勝に望みをかけます。千代の富士が勝てば全勝優勝、北の湖が勝てば優勝決定戦にもつれ込みます。これまでの対戦成績は、北の湖の7勝、千代の富士はわずか1勝です。今や断然人気の千代の富士が初優勝で大関を射止めるのか。日本中が注目する大一番でした。

　立ち合い、千代の富士は左前まわしを狙いますが、北の湖得意の左四つとなります。千代の富士が右を巻き替えて双差しを狙いましたが、すぐさま北の湖も左を巻き替え左四つです。北の湖は大きな体でしたが、こうした器用さ速さを持ち合わせた横綱でした。北の湖はがっちり両まわしを引き、十分の左四つで向正面に千代の富士を吊り出しました。国技館には悲鳴が響き渡りましたが、この瞬間に両力士が14勝1敗で並び優勝決定戦です。

決定戦でも、千代の富士は低く立って左前まわしを狙います。しかし右四つにはなれず、本割と同じように左四つです。千代の富士はすぐに頭を付けました。北の湖は左下手こそ引いていますが右の上手には届きません。それでも、北の湖が右から抱えて強引に出ます。千代の富士はしのいで、次の瞬間でした。右の肘を締めて下に叩きつけるような渾身の上手出し投げ。さすがの北の湖も土俵中央にバッタリ崩れました。関脇千代ノ富士、初優勝。65・3％の視聴率を記録した瞬間でした。

千代の富士が引退して九重親方となり、もう何年も経ってから当時の話を聞いたことがあります。

「初めての優勝パレード、国技館を出発する時もものすごい数の人で、へー、これが優勝なんだと思ったね。それよりもすごかったのが（九重）部屋に着く時だよ。当時、江戸川区に部屋があってね、部屋の100mぐらい手前でオープンカーを降りて歩くんだけど、もう前に進めない。後で聞いたら1万人も部屋の周りに集まっていたっていうからね。100mを30分以上かけて人をかき分けながら歩いた。親方（元横綱北の富士）が待っている部屋の前に到着した時には、羽織の紐がないんだよね、もぎ取られたみたいで……。草履は踏まれるし、大銀杏も崩れるし……。その時、親方から『お前の人生、これから変わるぞ』と言われたのを覚えている」

一杯飲みながらでしたが、そんな話をしてくれました。日本中が湧きかえった千秋楽から3日後の1月28日、千代の富士の大関昇進が正式に決まりました。飛ぶ鳥を落とす勢いとはこのことで、新大関の場所、続く大関2場所目といずれも千秋楽まで優勝争いに加わり、次の昭和56年七月場所で綱取りへと期待は高まりました。迎えた七月場所初日、最も苦手としていた前頭筆頭の隆の里に敗れます。しかし千代の富士は、逆境をものともしない精神力の強さも持ち合わせていました。2日目から白星を積み重ね13連勝。千秋楽はまたしても横綱北の湖との一騎打ちとなりました。13勝1敗同士の相星決戦です。

この時も、千代の富士は左前まわしを狙って立ちますが、北の湖得意の左四つとなります。そこから北の湖の右おっつけを凌ぎ、千代の富士は右も前まわしを取って、右からの出し投げで崩して北の湖を寄り切りました。場所後の、横綱審議委員会も理事会も満場一致で千代の富士の横綱昇進を決めます。昭和56年7月22日、58代横綱千代の富士が誕生しました。

千代の富士は、横綱2場所目の昭和56年十一月場所で通算3回目の優勝を果たします。同じ年に、関脇、大関、横綱と3つの位すべてで優勝したのは、大相撲史上初めての快挙でした。大関昇進を決めた千代の富士の初優勝は25歳の時でした。横綱昇進を決めた2回目の優勝は26歳でした。のちの大横綱への道を考えると決して早い優勝ではありません。実は、千代の富士の31回の幕内最高優勝のうち、20代での優勝は12回、30を過ぎてからの優勝が19回もあります。45回も優勝を重ねた白鵬でさえ、30歳以降の優勝は12回です。脱臼しやすい肩の関節をもっと早く筋肉で固めていたら、出世も早く、優勝回数もはるかに多かったのではないかと考えてしまいます。

ところが本人は次のように話しました。

「いや、何回も脱臼を重ねたからこそ最後の手段で筋肉を付けようとなった。2回や3回の脱臼なら、腕立て伏せ毎日1000回なんてできないよ。せいぜい平幕（力士）で終わっていたと思うよ」

それが正直な気持ちならば、まさに「災い転じて福となす」ではないかと思います。千代の富士関は私より1つ半ほど年上です。50歳を過ぎた頃から、何度か食事にも誘ってもらいました。もちろん九重親方時代です。飲ませ上手で、昔話も面白い。うっかり話に夢中になり油断をしていると、帰る時にはヘロヘロで千鳥足にさせられているということがよくありました。現役時代から周りは「大将、大将」と呼んでいました。飲んで食事をしている時でも「大将」です。言葉の端々にプライドが存在していました。

昭和52（1977）年に製作された、ジョン・トラボルタ主演のアメリカ映画『サタデー・ナイト・フィーバー』が日本でも話題を呼びました。昭和56年、千代の富士が関脇から大関、横綱へと一気に駆け上がり、日本中を熱狂させた現象は「ウルフフィーバー」と名付けられました。ライバルと呼べる存在が見つからなかったためか、「○○時代」という言い方はされませんでしたが、歴史に残る「小さな大横綱」でした。

若貴ブーム、666日連続満員御礼

「若貴フィーバー」と呼ばれました。「若貴ブーム」とも言われました。昭和63（1988）年に入って、あの名大関貴ノ花（当時藤島親方）の息子たちが大相撲界に入門するというニュースが飛び込んできました。私は大阪放送局勤務でしたが、すでに大相撲中継スタッフの一員でした。三月場所が初土俵、ということは大阪です。「賑《にぎ》やかになるぞ」と思いました。

三月場所前の新弟子検査には早速、報道陣が大挙して押し寄せます。輪島が入門した時も、小錦が入門した時も、これほどの報道陣が殺到することはなかったと聞きます。マイクを向けられても二人の声は聞こえてきません。常に兄が弟をかばうようにしながら、それでいて足を止めることはほとんどありませんでした。兄が若花田、弟は貴花田と四股名が付けられました。のちに「花の63組」と呼ばれ、同期生には曙や魁皇、和歌乃山などがいました。なかでも、若花田と貴花田、そして曙は、競うようにあっという間に番付を上げていきます。貴花田が平成元（1989）年九月場所後に新十両昇進を果たします。17歳2カ月という史上最年少での関取誕生でした。

大相撲の本場所で入場者が一定の数を超えると「満員御礼」の垂れ幕を吊り屋根の上に下ろします。入場券がすべて売り切れた場合は「満員札止め」といいます。これまでの満員御礼の連続記録は、平成元年十一月場所の11日目から平成9年五月場所2日目までの666日間です。実に7年半近く東京場所も地方場所も、大相撲は大盛況の時代でした。その始まりが貴花田の新十両の場所です。「若貴ブーム」と呼ばれたあの頃は、入場券を手に入れるのも容易ではありませんでした。

平成2（1990）年一月場所後に、曙と若花田が同時に新十両昇進を決めます。貴花田の新十両よりも2場所遅れたとはいえ、二人も入門からわずか2年、異例の速さでの出世でした。さらに、平成2年五月場所で貴花田、九月場所で曙と若花田が、それぞれ順調に入幕し、大相撲は一気に隆盛を迎えます。その後、三役以降への昇進は曙、貴花田、若花田の順で駆け上がります。この3力士は優勝争いでも何度も火花を散らしました。

曙の初優勝は平成4（1992）年五月場所、番付は関脇でした。千秋楽、星一つの差で追いかけてくる若花田を押し倒しで破り初優勝を決めました。曙の3回目の優勝となった平成5（1993）年の一月場所、千秋楽に貴花田を押し出して2場所連続優勝を決め、横綱昇進を果たしました。この時、貴花田は大関昇進を果たしています。貴花田が新大関となった三月場所から貴花田は貴ノ花、同年五月場所から若花田は若ノ花に改名します。そして次の場所、平成5年の七月場所の千秋楽、優勝の可能性を残していた関脇若ノ花が大関小錦に勝ち、結びで大関貴ノ花が横綱曙を破り、ついに横綱曙、大関貴ノ花、関脇若ノ花の3人による優勝決定戦となりました。巴戦です。3人のうちいずれかが2連勝するまで続きます。史上初の兄弟対決も期待されました。いよいよ3人が東の花道を入場、愛知県体育館は大歓声に包まれました。赤房下まで3人が入ったところで抽選が行われます。その結果、まず曙対若ノ花です。曙が圧倒しました。次に曙対貴ノ花です。これまた曙の圧勝でした。期待した兄弟対決は幻となりました。

それから1年余り、貴ノ花は平成6（1994）年の九月場所、十一月場所と2場所連続での全勝優勝を成し遂げ、文句なしの横綱昇進を決めました。大関での2場所連続全勝優勝は双葉山以来で、15日制が定着した昭和24（1949）年五月場所以降では初めての快挙でした。その十一月場所前に若貴兄弟は、それぞれ若乃花、貴乃花に四股名を改めています。

1年後、ついに兄弟が戦う日がやってきます。平成7（1995）年十一月場所、横綱貴乃花と大関若乃花が12勝3敗で並び優勝決定戦にもつれ込みました。その瞬間、若乃花は「最悪だ」と思ったそうです。二人はほとんど目を合わせることなく仕切りを重ねます。若乃花はときどき貴乃花に視線を送りますが、貴乃花はほとんど土俵に視線を落としたまま、ついに仕切りも制限時間いっぱいになります。貴乃花が右を差しにいくと若乃花が左からおっつけ、頭を付けながら一度若乃花が寄ります。東土俵で残した貴乃花が右を深く差し、若乃花は左上手を取ります。一呼吸おいて若乃花が出ると、貴乃花は右に崩れました。若乃花は2回目の優勝でした。

史上初の兄弟決定戦は、目の前で観ていた私自身にとっては、あまり後味のいいものではありませんでした。大相撲では、優勝決定戦を除き同部屋力士の対戦はありません。また異なる部屋であっても4親等以内（兄弟、いとこ、叔父と甥など）同士の対戦も組まれません。同部屋や近親者の場合、二人で取組の打ち合わせをしたり、あるいはそれがなくても疑われたりすることを避けるためです。若乃花、貴乃花の決定戦が終わった時、もうこのような対決は見なくてもよいと思ったものです。

実はこの平成7年の十一月場所が始まる前、横綱貴乃花に、あるお願いをしました。NHK福岡放送局が制作する九州場所前夜祭の収録の日、会場は福岡国際センターです。貴乃花が支度部屋に到着し、土俵入りまでまだ1時間ほどありました。横綱と少し話をし、最後に「ＮＨＫの相撲アナウンサーといっしょに、一度食事をしませんか」と誘ってみました。大勢いるＮＨＫのアナウンサーも、なかなか貴乃花と話をする機会はありません。彼自身も知らないアナウンサーが何人もいるのではないかと思い提案してみました。すると「私で良ければ行きますよ」と答えが返ってきました。師匠の二子山親方に打診すると「普段、あいつ（貴乃花）はそのような付き合いがないから、ぜひ誘ってやってください」と快諾してくれました。ある店の広い部屋を予約し、十数人のアナウンサーで横綱を囲みました。場所中ということもあり、乾杯のあと1時間ほどで横綱は引き上げましたが、その間、アナウンサーが入れ代わり立ち代わり、貴乃花の前に行き自己紹介をして話をするため、横綱はほとんど箸をつけることもできず帰っていきました。申し訳ない時間でしたが、貴乃花の丁寧な応対に感激した思い出があります。

　話が逸れてしまいました。満員御礼が連続６６６日で途切れた後、平成10（１９９８）年ごろから曙にも貴乃花、若乃花にも少しずつ陰りが見え始めました。若乃花が横綱に昇進して2場所目、平成10年九月場所前、若貴兄弟に絶縁騒動が起こりました。「大好きな弟、大好きなお兄ちゃん」であった関係にほころびが出てしまったようです。

　今、ＡＢＥＭＡ大相撲ＬＩＶＥの放送でご一緒する花田虎上《はなだまさる》（66代横綱若乃花）さんに聞いたところ「もう長い間、連絡は取っていません。というよりも連絡先を知りません」と話します。それ以上、他人が事情を詮索することはできません。その平成10年九月場所が、曙、貴乃花、若乃花の3横綱がそろった最後の場所でした。それぞれに怪我も増え、休場も多くなり時代は幕を閉じていきます。

今思い起こしても、異常なほどの若貴人気でした。巡業に行っても、兄弟の周りには人だかりができました。マスコミも朝から晩まで追いかけ続けました。場所中、国技館の外には何人ものいわゆる「ダフ屋」と呼ばれる者たちが立っていました。入場券を購入できない人たちに高く売りつけるという行為が平然と行われていました。コロナ禍を抜け出した今の時代も、入場券を手に入れるのは至難の業です。ただ「若貴ブーム」と呼ばれたあの時代とは異質です。社会現象にもなるほどの大相撲界のスーパースター、そんな力士が次に現れるのはいつになるのでしょうか。

モンゴルからの刺客　大相撲を席捲

平成の時代に入り、「若貴ブーム」に大相撲が沸きかえる頃、新しい波が押し寄せようとしていました。平成4（1992）年といえば、小錦が3回目の優勝、曙は初優勝、武蔵丸も三役昇進、ハワイ勢の猛威はまだまだこれから勢いを増すという状況でした。「若貴」対「ハワイ勢」、その構図が大相撲を一層盛り上げていました。

そんな中、大島親方（元大関旭國）のもとに、後援者から情報が飛び込みます。「モンゴルから身体能力の優れた若者を日本の大相撲界に送り込みたい」という提案でした。平成4年2月、首都のウランバートルで選考会を開くため、大島親方も初めてモンゴルに飛びました。選考会の会場は予想以上の応募者であふれ、何と150人もの若者が集まります。運動能力や体格を審査し、大島親方はその中から6人を選びました。6人の中の一人、旭鷲山《きょくしゅうざん》が新十両入りを果たした頃、来日当時を思い出してこんな話をしてくれました。

「日本には侍がいると聞いていた。ところがビルやマンションが並び、車も行き交い、東京の景色に驚いた」。そんな観光気分もつかの間、翌日早朝から稽古が始まります。日本語は全く理解できない。料理の仕方も食べ物も馴染《なじ》まない。言葉も食事も生活環境も、すべてが初めての経験に加え、大相撲界ならではの習わしに6人は戸惑うことばかりでした。6人がもらった四股名は、旭鷲山、旭天鵬《きょくてんほう》、旭嵐山《きょくらんざん》（のちの旭天山《きょくてんざん》）、旭雪山《きょくせつざん》、旭獅子《きょくじし》、旭鷹《あさひたか》です。来日から半年が経ち、すでに6人は3場所を経験していました。ところが平成4年8月のある日、5人が部屋を抜け出しモンゴル大使館に駆け込みます。モンゴルに帰りたい一心での団体行動でした。旭嵐山は一人だけ部屋に残りました。連絡を受けた大島親方は、すぐに連れ戻しに行きます。旭鷲山と旭鷹は親方の説得に応じて部屋に戻りますが、旭天鵬、旭雪山、旭獅子の3人はモンゴルに帰国しました。それでも大島親方は、モンゴルに帰ってしまった3人を迎えに行きます。しかし、旭雪山、旭獅子の意志は固く、もう日本に来ることはありませんでした。「お前は絶対に強くなる」と説得された旭天鵬だけが再び日本に戻りました。

この時、大島親方が諦めていれば、あるいは旭天鵬が日本に戻ることを拒んでいれば、その後の活躍も幕内最高優勝もなかったのです。それだけではありません。旭鷲山も旭天鵬も大使館からそのままモンゴルに帰国していれば、その後、大相撲界を席捲するモンゴル勢の〝襲来〟はなかったかもしれません。大島部屋に残った4人のうち旭鷹も、結局翌年にはモンゴルに帰国します。最終的には、旭鷲山、旭天鵬、旭嵐山の3人が日本の大相撲界で出世を目指すことになりました。

昭和51（1976）年に、朝日山部屋に所属していたトンガ出身の6人の力士が、部屋の継承問題の中で廃業に追い込まれる出来事がありました。今回は、集団で大使館に駆け込み、帰国したりまた連れ戻したり、これまでの大相撲界では考えられなかった騒動となりました。こうしたことから、協会は今後、外国人力士を入門させない方針としました。その後、平成10（1998）年に、一つの部屋につき、一人までの規制を設けました。

旭鷲山が平成７（１９９５）年三月場所で新十両昇進を果たします。入門からわずか３年、独特の相撲勘と手や脚を使った巧みな技を駆使し、舞の海の「技のデパート」に対して、旭鷲山は「技のデパート・モンゴル支店」の異名で注目されました。旭鷲山を追うように、１年後の平成８（１９９６）年三月場所で旭天鵬も十両に昇進します。こちらは正攻法の懐の深い四つ相撲で力を蓄えていきました。

平成8年の十一月場所中、博多で旭鷲山と食事をする機会がありました。旭鷲山は幕内力士となっていました。当時、付け人を務めていた旭天山も同席しました。食事の後、もう一軒ということで、私の行きつけの店に誘いました。店に着くと旭天山が持ってきた紙袋を開けボトルを取り出しました。ウオッカでした。店に「持ち込み」を許してもらったのは良かったのですが、問題はこのウオッカの強烈なこと……。96度の表示があり、アルコールランプ（古いかもしれませんが）のアルコールをそのまま瓶に詰めたような、舐《な》めただけでむせ返るほどでした。彼らの「酒の強さ」にも驚愕でした。二人ともすでに日本語はペラペラ、旭鷲山は「カラオケで日本語を覚えた」と話しました。

旭鷲山、旭天鵬が日本の大相撲で活躍する姿は、モンゴルでもすぐに話題となりました。その後、鳥取城北高校や明徳義塾高校をはじめ、相撲の名門と呼ばれる高校がモンゴルからの留学生を受け入れるようになります。また、大阪の摂津倉庫のような実業団チームが、日本の大相撲界を目指すモンゴルからの若者を短期間で指導するようになりました。いわゆる入門予備軍の選択肢が広がったわけです。

平成11（1999）年、朝青龍（68代横綱）が明徳義塾高校から高砂部屋に入門し、脚光を浴び始めた頃、大阪の摂津倉庫で指導を受けた白鵬が宮城野部屋に拾われます。その後、日馬富士《はるまふじ》（70代横綱）、鶴竜《かくりゅう》（71代横綱）、照ノ富士（73代横綱）、豊昇龍（74代横綱）と合わせて6人が横綱の地位をつかみ取りました。そして、次の横綱を目指すモンゴル出身力士も続いています。

大谷翔平選手がメジャーリーグで歴史を塗り替え続けています。そこには、日本出身もドミニカ共和国出身も、ベネズエラ出身も、プエルトリコ出身も、キューバ出身も関係ありません。ただ、アメリカンドリームは存在します。モンゴルから日本の大相撲界に挑戦する若者たちの心には「ジャパニーズドリーム」があります。日本とモンゴルの貨幣価値の差は10倍とも20倍ともいわれます。関取となれば月給は最低110万円が支給されます。ということは10倍と考えても十両に昇進すれば、モンゴルに帰ると年収1億3000万円プレーヤーです。報酬だけの問題ではありませんが、番付を上げるために必死になるのは当然です。

日本の若者の中から優れた人材を確保するのが、年々難しくなってきています。高校や大学で実績を積んだ選手を、大相撲関係者はあの手この手で勧誘します。しかし、大相撲の経験のない中学卒業の若者を相撲界に誘うことは、今や宝くじに当たることより困難になりました。相撲経験がなくても運動能力に秀でた若い人材を入門させ、一から相撲を指導して素質を伸ばす、そんな力士の育成は夢物語となっています。そこで、モンゴルのように、日本の大相撲に夢を抱く若者が順番待ちをしているところから引っ張ってくるほうが話は早いと考えるのは当然です。需要と供給の思いが一致するわけですから……。

現在、外国人力士は一部屋に一人までという規制をしています。令和6年九月場所の番付を見ると、一番上の横綱から一番下の序ノ口17枚目までちょうど６００人の四股名が書かれています。

このうちモンゴル出身力士は20人です。30人に一人です。関取の総数は70人で、このうちモンゴル出身は10人、7人に一人です。モンゴル出身力士の半数が関取の地位にいます。確かに身体能力の優れた力士が多いのはわかります。しかし、それに加えて彼らの並外れた努力を考慮せずには語れません。外国からの刺客は、かつてのアメリカ・ハワイからモンゴルに変わって30年以上の月日が流れました。高見山の入門から武蔵丸の引退までが約40年です。旭鷲山や旭天鵬の入門から現在までは32年半です。今のモンゴル出身力士の活躍や層の厚さを考えると、この先も絶え間なくモンゴルからの刺客は押し寄せてきます。

先駆者の一人、旭天鵬（現大島親方）は40歳10カ月まで土俵に立ちました。この間、日本人の伴侶を得て本人も日本人となり、引退後はモンゴル出身初の親方として部屋を率いています。多くの後輩たちからも慕われ、私たちのような大相撲を仕事の一部としている者にも気さくに明るく丁寧に接してくれます。その40歳超えの旭天鵬に迫ろうとする鉄人がいます。片男波部屋の玉鷲です。

玉鷲は平成16（２００４）年一月場所19歳で初土俵を踏みました。そこから間もなく21年です。令和６年九月場所、その玉鷲によって偉大な記録が達成されました。初土俵から一日も休まず、通算連続出場１６３０回というとてつもない大記録です（注：令和４《２０２２》年七月場所の13日目から３日間の休場はあるが、これは部屋に新型コロナウィルス感染者が出たための休場で、連続している記録は継続するとの判断）。当時「鉄人」と呼ばれた青葉城（のちの不知火《しらぬい》親方）が、昭和39（１９６４）年三月場所から昭和61（１９８６）年七月場所にかけての22年余りで打ち立てた通算連続出場記録に九月場所の２日目で並び、３日目に更新しました。前人未踏の境地に足を踏み入れたのです。そして、令和６年十一月場所の７日目には40歳の誕生日を迎えました。どこまで通算連続出場記録を伸ばすのか、興味は尽きません。

その玉鷲は入門の経緯が異色です。姉が東京大学大学院に通っていました。その姉を頼って日本に来ました。モンゴル相撲の経験はありません。サッカーやバスケットボールの経験はあります。テレビで日本の大相撲は知っていました。両国を歩き、たまたま力士の姿を見てふらりと行った当時の井筒部屋で、序二段から三段目の番付にいた鶴竜に会いました。そこで、鶴竜が旭鷲山に「体の大きないい子がいる」と紹介し、片男波部屋への入門が決まりました。令和6年3月19日には日本国籍も取得しました。経験もない、どうしても力士になりたかったわけでもない、言葉も何もわからない、モンゴルから来たそんな19歳が、今や日本の大相撲の歴史に名を残すところまで来ました。

ということは、日本の若者にも大相撲の世界で活躍できる可能性は大いにあります。そのためには、頑丈な体も必要ですが、何よりも努力とやる気と向上心です。そうした若い芽を発掘し花を咲かせるのも指導者である親方の務めです。それを怠れば、日本で生まれた子供たちが、大相撲界に飛び込む機会はますます減っていきます。そして、モンゴルからの〝力の席捲〟はこの先も続きます。とはいえ、もう日本出身とかモンゴル出身とか、あるいはヨーロッパ出身とか分けて考える必要もありません。日本の大相撲は、外国から見ればメジャーリーグなのですから……。

第3章

実録大相撲伝！そこには物語がある

大相撲アナウンサーとして伝えた名勝負三選

NHKの大相撲中継に、私自身が初めて仕事として加わったのが昭和59（1984）年七月場所です。三横綱（北の湖、隆の里、千代の富士）、四大関（北天佑、朝潮、若嶋津、琴風）の時代でした。13日目に大関若嶋津が横綱北の湖に勝ち、優勝を決めます。若嶋津は2回目の幕内最高優勝を全勝で飾った場所でした。当時、私は京都放送局の所属でした。この場所の7日目に名古屋に入り、千秋楽翌日に京都に帰る出張日程でした。仕事は、ラジオの実況席で先輩アナウンサーの隣に座り、東京のラジオセンターという部署とホットライン（直通電話）で連絡を取りながら、実況アナウンサーの手伝いをするディレクター役です。

ラジオセンター「4時のニュースが5分間、そのあと太鼓で大相撲に入ります」

藤井「承知しました」

ラジオセンター「5時のニュースは土俵上の取組のあとにします」

藤井「わかりました」

そんなやりとりをしながら、実況アナウンサーに横からメモを出して、ラジオセンターからの指示などを伝えます。時に珍しい決まり手が出ると、即座に手元の資料で調べて記録を伝えることもあります。

ラジオ中継の仕事は、午後3時半ごろに放送席に座れば問題ないのですが、それだけが仕事ではありません。早朝から録音機を持って相撲部屋に行き、幕下有望力士や、新十両力士などにインタビューをすることもあります。また、大相撲に関わる話題をラジオ中継の中に織り込むために、ネタ集めやそれに必要な関係者へのインタビューもします。録音を一旦放送局に持ち帰って編集をする仕事も任されました。編集作業は大相撲中継が終わり午後7時ごろに放送局に帰ってからも行います。初めての大相撲出張は、早朝から深夜までかなりハードな1週間だったと記憶しています。ただ、まだこの時点では実況を担当することはありません。初めて大相撲の実況を担当したのが、翌昭和60（1985）年三月場所でした。

38年間、NHKの大相撲中継に関わり、幾多の名勝負をこの目で見てきました。そして、テレビとラジオで伝えてきました。スポーツ中継を担当するアナウンサーとしての醍醐味は、今風に言えば、目の前で超一流のパフォーマンスを観ることができる。それを、自らの感性や言葉を駆使して視聴者の皆さんに届ける。しかも、観戦チケットを購入せずとも特等席に座って、ときには歴史的な瞬間を目撃できる。少し考えただけでも、そんな役得がいくつもあります。幼少の頃から大相撲が大好きだった人間からすれば、まさに感謝してもしきれない38年間でした。

ＮＨＫを定年退職後、ありがたいことに引き続き「ＡＢＥＭＡ大相撲ＬＩＶＥ」で大相撲中継を担当する機会に恵まれ、ついに大相撲中継に関わり始めて40年を超えました。そのアナウンサー人生の、しかも私自身が放送席で実況した取組の中で、記憶に残り、そこに物語があり、大相撲ファンの皆さんの心も揺さぶった三番を取り上げます。

寺尾が見せた相撲人生最大の悔しさ　そして意地

（平成3年三月場所　11日目　貴花田〇押し倒し●寺尾）

長い大相撲の歴史の中には、「二世力士」と呼ばれ、父親が歩んだ道に自らも足を踏み入れながら光を放つ男たちが存在してきました。

寺尾常文《つねふみ》。「井筒3兄弟」の末っ子です。父は元鶴ヶ嶺。双差し名人と謳《うた》われた名力士で、技能賞10回の記録は今でも破られていません。戦後まもなく大相撲の世界に入り、昭和20年代後半から活躍。栃若時代に頭角を現し、栃錦、若乃花、朝潮の3横綱から合わせて10個の金星を獲得しました。そして柏鵬時代の昭和42（１９６７）年に引退。長きにわたり双差しの巧みな技を見せ続けました。引退から5年後には独立して部屋を興し、その後、井筒部屋の師匠として名伯楽ぶりを発揮しました。自身の3人の息子たち（鶴嶺山《かくれいざん》、逆鉾《さかほこ》、寺尾）に加え、大関霧島や、陣岳、薩洲洋、安芸ノ州、貴ノ嶺などを関取に育て上げました。

この間、審判委員として長い間勝負を見極め、審判長として「物言い」が付いた際の場内説明には定評がありました。

「ただいまの協議についてご説明申し上げます。行司軍配は○○に上がりましたが、○○の足が先に出ているのではないかと物言いが付き、協議の結果……」という一連の場内への説明は、井筒審判長が手本となり、今でも受け継がれています。その明快さは、NHKの大相撲解説でも発揮されました。私も何度か放送席でご一緒しましたが、柔らかい語り口にわかりやすい解説で、「時間があればもっと相撲の話を聞いていたい」という思いにさせられるほど、解説者としても名人でした。ある時の放送だったと思います。息子の逆鉾が土俵上で仕切りを重ねていました。「双差し」の話になりました。

「逆鉾は相手が左四つ（が得意）だと分が悪いですね。自分も根（＝もともと）は左四つですから安易に左四つになると相手十分になってしまうのです。ですから、あえて右四つを狙わなければなりません。まず右四つになっておいてから得意の左を巻き替える、そんな流れが必要です」と、こんな解説でした。おそらく口を酸っぱくして稽古場で指導していたのだと思います。この頃から、逆鉾の双差しは確立されてきました。

前置きが長くなりました。その井筒親方（元関脇鶴ヶ嶺）の息子たちが、鶴嶺山（元十両）、逆鉾（元関脇）、寺尾（元関脇）の3兄弟です。私が「名勝負三選」の最初に持ってきたのは「寺尾」が主人公の取組です。寺尾は、小気味の良い激しい突っ張りで、名脇役として人気を博しました。高校入学後に相撲を始めた寺尾は、兄たちの後を追って大相撲の世界に入りたいと考えていました。しかし、長兄の鶴嶺山が、次兄の逆鉾の大相撲入門を反対し続けているのを見ていたため、兄にも父にも入門の意思を告げることができず高校に入学します。

転機が訪れたのは昭和54（1979）年五月場所が終わった直後です。癌で闘病を続けていた最愛の母節子さんが亡くなります。母は生前「おまえも力士になってほしい」と言ってくれていたそうです。母の遺志を受けて、父親（井筒親方）に入門を志願し、高校を中退して昭和54年七月場所、井筒部屋の力士として初土俵を踏みました。四股名も父に懇願して、母の旧姓である寺尾を名乗りました。新十両昇進を果たした昭和59（1984）年七月場所で「源氏山力三郎」に改名します。この源氏山は由緒ある四股名で、30代横綱西ノ海も入門から横綱になるまで名乗ったことがあります。ところが、「やはり母の名を背負って土俵に上がりたい」という思いから、わずか1場所で「寺尾」に戻します。初土俵から「常文」としていた下の名も、この改名を機に、母節子の名から「節」をもらって「寺尾節男」として、その後3年ほど土俵に上がりました。

寺尾は昭和54年七月場所が初土俵。私も同じ年に日本放送協会（NHK）に就職しました。そして寺尾が新十両になったとき、私も大相撲放送のスタッフの一員となります。その偶然の経歴から親近感を覚え、そして何より寺尾の相撲から発散する気《き》っ風《ぷ》の良さ、土俵上で絵になる男っぷりの良さに魅力を感じ、大相撲に関わる仕事をする中で、個人的に注目する力士の一人になっていきました。

寺尾が三役目前の地位まで出世し、それとともに人気も一段と高まった昭和63（1988）年の春、大相撲界にビッグニュースが生まれます。「昭和の名大関」として名を馳《は》せた貴ノ花の息子二人が同時に入門したのです。新たな「兄弟二世力士」の誕生です。父が師匠を務める藤島部屋から、兄は若花田、弟は貴花田として、昭和63年三月場所で初土俵を踏みました。二人は猛稽古を積む中で期待通りに番付を上げていきます。貴花田は平成2（1990）年五月場所、17歳9カ月という史上最年少での新入幕を果たします。しかし好事魔多し、その正式な番付発表の前日でした。五月場所を2週後に控えた4月30日の朝稽古で、貴花田は右足親指の靭帯損傷という怪我を負ってしまいます。結局、新番付が発表された5月1日から5月8日まで入院となりました。当時の私のメモには「右足親指付け根の3分の2が裂ける。側副靭帯2針、傷口を6針縫う」と書いてあります。大怪我だったことがうかがえます。場所直前の調整もままならない中、5月13日に初日を迎え、貴花田は2日目まで右足に白足袋をはいて土俵に上がりました。

当時の貴花田は1m84㎝、110㎏。その軽量に加え、力士として最も大事な足の親指の怪我で、この場所は4勝11敗。幕内の番付に一度はね返され、十両で今一度、地力を蓄えることになりました。

この間、弟を追うように兄若花田も平成2年九月場所で新入幕を果たします。負けじと貴花田も続く七月、九月と十両で2場所勝ち越し、平成2年十一月場所で再入幕を果たしました。兄弟が10代で同時に幕内力士というのは大相撲史上初めてのことです。そして、翌平成3（1991）年三月場所。貴花田が東前頭13枚目で快進撃を見せます。

初日から9連勝を果たし、いよいよ10日目は三役との対戦が組まれました。相手は新小結の曙です。元高見山の東関親方がスカウトした曙は昭和63年三月場所が初土俵。若花田、貴花田と同期入門です。貴花田よりいずれも2場所遅れて十両、新入幕を果たしていました。しかし、貴花田が怪我で十両に下がっている間に番付は逆転、曙は新入幕から4場所目には一気に三役に昇進していました。その曙が10日目の対戦相手です。両力士は幕下時代から対戦を重ね、これが早くも6回目の顔合わせでした。結果は左からの上手投げで貴花田が勝ち、初日から10連勝。翌日はもう一人の小結、寺尾が貴花田を迎え撃ちます。もちろん初顔です。

「ひがーーし、たかーはなーだ、たかーはーなーーだー。にーーーーし、てらーーーお、てらーーーおーー」。呼び出しの声も大歓声にかき消されます。舞台は大阪府立体育会館です。東から貴花田、西から小結寺尾が土俵に上がると、館内の至る所から、寺尾と貴花田の四股名を叫ぶ観客の声が降ってきます。応援の声が交錯する中、両力士は仕切りを重ね、いよいよ制限時間いっぱい。一瞬の静寂から両者が立ち上がります。例によって寺尾の回転の速い激しい突っ張り、これに貴花田も応戦します。まわしを狙いにいかず、貴花田も突き返し、二人の意地が火花を散らしました。

「貴花田の足は、ピターッと土俵に付いている!」。突っ張られ、のど輪で上体を起こされても崩れない貴花田の下半身に、こう実況したのを憶《おぼ》えています。それでも寺尾が攻め込んだ東土俵で、貴花田の左手が一瞬上手に掛かり、出し投げでしのいで体を入れ替えます。その後は、貴花田が突き勝って寺尾を東土俵下に押し出しました。

およそ20秒の息をつく暇のない熱戦に両者が礼をし、貴花田が勝ち名乗りを受けて土俵下に下りても、大歓声は鳴り止みませんでした。その直後です。NHKのテレビカメラは、赤房下で息を整える貴花田の表情のあとに西の花道を下がる寺尾の姿を映し出します。その花道の奥で事件が起きます。寺尾が右手に持っていたさがりを床に叩きつけタオルも叩きつけました。

「あーっと、寺尾がさがりを叩きつけた、タオルも叩きつけた」と、思わずコメントをしてしまいました。怒りに震える寺尾の背中、あの映像は30年余り経った今でも脳裏に焼き付いています。確かに、土俵上では闘志をむき出しにして戦う寺尾ですが、勝負が終われば勝っても負けても冷静な力士なだけに、忘れることができません。

引退後、錣山《しころやま》親方となったあと、プライベートで話をする機会がありました。嫌なことを思い出させるのはどうかとも考えましたが、思い切ってあの時のことを聞いてみました。彼はその話になると、それまで以上に饒舌《じょうぜつ》になりました。

「やっぱり藤井さん、その話ですよね。藤井さんが実況（アナウンサー）だったこともわかっています。あとで映像を見て恥ずかしかったです。NHKのカメラが俺を撮っていることも当然知らなかったし、そんなことを考える余裕があるわけないじゃないですか。相手は高校生ですよ。自分は入門から12年。今まで何をしていたんだろう。情けなくて情けなくて、怒りしかこみ上げてきませんよ。しかも、自分の得意の突っ張りでの勝負ですからね。間違いなく、相撲人生で最も悔しかった一番です。でも、あれがあったから長く相撲を取ることができたのかもしれません。それにしても、さがりを叩きつけたのは反省しています。あれは力士としていけません」

私自身の初めての幕内テレビ実況が昭和63（1988）年三月場所、若貴や曙が初土俵を踏んだ場所でした。それから丸3年が過ぎ、当時は年齢も34歳です。放送にもほんの少し慣れてきて、大相撲の楽しさが自分の中で再燃し始めた頃でした。放送席にいながらも、アナウンサーとしてではなく大相撲ファンとして観戦する気持ちの余裕も出始めていました。ですから取組の直後は、相撲自体に興奮していたと思います。それでも、貴花田の驚異的な下半身の強さと寺尾の鬼気迫る姿は鮮明に憶えています。もうひとつ、この一番の決まり手が「押し倒し」と発表されたことに違和感を覚えました。敗れた寺尾は、東の土俵下に落とされましたが倒れてはいません。立ったままでした。本来ならば決まり手は「押し出し」です。おそらく、決まり手係の親方も貴花田の11連勝に興奮し、相撲の勢いに圧倒されて、倒れていなくても「押し倒し」と発表してしまったのではないかと推測します。いずれにしても、寺尾の悔しがり方は尋常ではありませんでした。

ここで話が終われば、ただ寺尾の悔しさ溢《あふ》れる物語でしかありません。この物語には続きがあります。貴花田はこの場所、大関小錦や横綱旭富士とも対戦が組まれ、さすがに横綱や大関には勝てませんでした。それでも終盤まで優勝を争い、12勝3敗の成績で敢闘賞と技能賞を受賞、翌五月場所は一気に前頭筆頭に躍進します。寺尾は8勝7敗で終え、翌場所は東小結で迎えます。東小結と西前頭筆頭ですから当然どこかで対戦することになります。私自身は、この寺尾と貴花田の2回目の対戦を、どんな取組よりも待ち望んでいました。

ようやくその日が来ました。10日目、両力士の2回目の対戦が組まれます。2回目の対戦は、寺尾にとって今度こそ絶対に負けられない一戦です。寺尾は9日目を終えて3勝6敗。この成績からも三役を維持するためには何としても勝っておかなければなりません。貴花田はこの場所の初日、大相撲の歴史を動かしました。横綱千代の富士との初対戦で初金星をもぎ取り、大鵬の32回という当時の最多優勝記録まであと1回に迫っていた千代の富士を引退に追い込みました。しかし、一気に番付が上がったことで、その後の横綱や大関との対戦では、善戦しながらも白星には結び付きません。4勝5敗で10日目を迎えます。

時間いっぱい。立った瞬間、寺尾はもろ手突きに出ます。そのあとも当然突っ張ると思っていたのですが、何とすぐに寺尾が自ら右を差しにいきます。貴花田の得意な右四つの相撲に持ち込もうとするのです。右下手を取り、左からはおっつけながら頭を付け、貴花田にまわしを許さない体勢を作ります。苦しい貴花田が一度引いて寺尾の下手を切ろうとしますが、寺尾は終始低く構え、右下手を離しません。結局、寺尾は最後まで貴花田にまわしを与えず攻め切り、寄り倒しで雪辱を果たしました。

この一番に、寺尾の勝負師としての意地を見ました。初対戦での悔しさを片時も忘れず、大げさに言えば、貴花田との再戦のためだけに2カ月を費やしていた、そんな寺尾の取口でした。自らの得意な突っ張りで敗れた前場所の雪辱は、あえて相手の得意な相撲で果たす。まさに寺尾の真骨頂でした。この一番についても錣山親方に尋ねました。

錣山親方「いや、たまたま右が入ってしまったんですよ」

藤井「しかし、突っ張ろうと思えば突っ張れたはずですよ」

錣山親方「意地はありますよね。それがなくなったら勝負はできないです。貴花田は突っ張りでも力をつけていました。先にまわしを引いて、相手には絶対にまわしを許さない、そのほうが勝機はある。だったらそうしてみよう。それも意地なのかもしれませんね」

寺尾と貴花田の対戦は、この2回も含め28回に及びます。寺尾の6勝、貴花田（貴乃花）の22勝です。最後に寺尾が勝ったのは貴乃花の横綱2場所目、平成7年三月場所7日目でした。横綱貴乃花が初めて金星を与えた相手、それが寺尾です。10歳も年下とはいえ、寺尾は貴乃花戦に限っては、他の対戦以上に闘志を燃やしました。近い将来、大相撲を背負って立つであろう貴乃花から、最初に金星をつかみ取るのは俺だ、そんな意地も寺尾にはあったでしょう。しかし、その翌場所以降の9回の対戦ではすべて貴乃花が勝ちました。そこには貴乃花の意地があったのかもしれません。

日本中が感動した「鬼の形相」

（平成13年五月場所　千秋楽　優勝決定戦　貴乃花○上手投げ●武蔵丸）

高見山大五郎。大相撲の歴史を変えた偉大な力士です。昭和39（1964）年といえば日本は高度経済成長の真っただ中、10月には東京オリンピックが開催されようという年でした。2月22日、ハワイ・マウイ島生まれの19歳の青年ジェシー（のちの高見山）が、軽装で羽田空港に降り立ったとき、体がいっぺんに凍りつくような、経験したことがない寒さだったそうです。

来日からわずか半月で初土俵を踏み、大阪場所の土俵に上がります。言葉はわからない、食事も合わない、そんな中でも高砂親方（46代横綱朝潮）の厳しい指導に耐え、日本に、そして大相撲界に馴染もうと努めました。1m90㎝150kg、当時としては他を圧倒する巨体とパワーで順調に出世します。入門から3年、昭和42（1967）年三月場所で新十両昇進。初の外国出身・外国籍の関取誕生で、テレビも新聞も挙《こぞ》って話題に取り上げました。性格は至って陽気、ウィットに富む頭脳は明晰。一方で涙もろく、優しい表情に長いもみあげ……。一気に人気も高まり、CMなどでも抜群の（今で言う）タレント性を発揮しました。そして、昭和47（1972）年七月場所で初の幕内最高優勝を果たし、その表彰式では当時のアメリカ大統領、ニクソンからの祝電も披露されました。40歳を目前にした昭和59（1984）年五月に引退。幕内連続出場1231回という大記録は40年経った今も破られていません。幕内在位97場所も当時の最長記録でした。

現役中の昭和55（1980）年に日本国籍を取得し、引退後は東関親方として後進の育成や指導に当たりました。昭和57（1982）年にはホノルルに「高見山記念土俵」が完成し、その式典でハワイに帰った時に小錦をスカウトします。さらに引退から3年余り経った頃、曙をスカウトし自らの東関部屋に入門させます。曙は初土俵からわずか5年、平成5（1993）年に外国出身力士初の横綱（64代）へと昇り詰めます。同期の貴乃花、若乃花に先んじての横綱昇進でした。さらに平成11（1999）年には武蔵丸も67代の横綱となります。「若乃花、貴乃花の兄弟」対「曙、武蔵丸のハワイ勢」、この構図が「平成の大相撲ブーム」を主導しました。ですが、平成12（2000）年三月場所で若乃花が引退、翌平成13（2001）年一月場所後には曙も土俵を去ります。この時、貴乃花は21回の優勝、武蔵丸もすでに8回の優勝を果たし、しばらくは貴乃花と武蔵丸が両輪として大相撲を引っ張ることが予想されていました。そんな中、平成13年五月場所を迎えます。

この時の番付は、貴乃花と武蔵丸が東西の横綱、大関には魁皇、武双山、出島、雅山、千代大海の5人、のちに大関となる栃東が西関脇、琴光喜が東小結、さらに朝青龍が新三役として西小結に昇進していました。場所前の展望では、前の場所で2回目の優勝を果たした大関魁皇の綱取りが最大の焦点でした。ところが、五月場所の新番付が発表された4月30日の朝稽古で、魁皇が腰を痛めてしまいます。魁皇の体調が万全ではないとすれば、貴乃花と武蔵丸、両横綱の安定感からこの二人を中心に優勝争いが展開されると見るのが妥当でした。大方の予想通り、貴乃花は初日から白星を積み重ね、他を寄せ付けない強さを見せます。一方の武蔵丸は、いきなり初日に新小結の朝青龍に不覚を取ります。朝青龍に双差しを許し、それでもかまわず武蔵丸が抱えて出ると、朝青龍の右からの下手投げに219kgの巨体が横転しました。この日、朝青龍は初めてモンゴルから両親を国技館に招待していました。朝青龍にとっては、入幕から3場所目で初めて横綱に勝った瞬間です。のちに、朝青龍は引退会見で「この取組が一番嬉《うれ》しかった」と振り返りました。その後、武蔵丸は3日目にも隆乃若にはたき込みで敗れ1勝2敗、体調も不安視されましたが、4日目以降は持ち直し白星を重ねます。

この間、綱取りに挑んだ魁皇は4勝4敗となり、ついに9日目から休場。「腰椎椎間板ヘルニア、左腰神経根麻痺、1カ月の安静加療を要す」との診断で、この場所後の横綱昇進の夢は潰《つい》えました。

終盤、12日目を終えて全勝は貴乃花、1敗で大関千代大海、2敗で武蔵丸、優勝争いは3人に絞られます。13日目に全勝の貴乃花と1敗の大関千代大海が対戦、千代大海が勝てば2年半ぶりの優勝に期待が高まるところでした。しかし、貴乃花の牙城を崩すことはできず、貴乃花が勝って13戦全勝。これを武蔵丸と千代大海が11勝2敗で追う展開に変わりました。単独先頭の貴乃花は、14日目の大関武双山戦に勝てば22回目の幕内最高優勝が決まるところまできていました。両者のそれまでの対戦は、武双山が得意の左四つに組み合うことがほとんどで、不戦を除けば貴乃花の25勝、武双山の9勝でした。貴乃花という力士は本来右四つで十分の体勢ですが、相手が左四つならば左四つで渡り合っても勝てる力と技能を持っていました。

さて、35回目の対戦も、貴乃花が踏み込み鋭く出たあと、やはり左四つの展開になりました。貴乃花の厳しい攻めに武双山が何とかしのぐ展開でした。途中、武双山のまわしが緩み、貴乃花が引いていた右上手が伸びかけましたが、貴乃花はすぐに上手をつかみ直し正面土俵に寄り立てます。ここは武双山が左から掬《すく》い、右から突き落として残し、土俵中央に戻します。しかし、貴乃花は休まずもう一度正面に出ると、武双山がまた左から掬い、すぐに逆の右から上手投げを打ちながら左差し手からの巻き落とし。これには、さすがの貴乃花も右膝から崩れ、ついに貴乃花1敗となって優勝決定は千秋楽に持ち越されました。

しかし、敗れた貴乃花が東の二字口に戻る時には、すでに異変が見られました。貴乃花がわずかに脚を引きずっているのです。花道を下がる時の貴乃花は明らかに右脚を庇《かば》い、花道の奥では付け人の肩を借りながら歩いて支度部屋に戻りました。優勝争いは、貴乃花が敗れたあとの結びの一番で、2敗同士の武蔵丸と千代大海が対戦しましたが、これに勝った武蔵丸が逆転優勝への望みをつなぎました。

私は、千秋楽のテレビの実況担当でした。優勝が決まってしまった後の千秋楽を何度も担当していますが、正直言って味気なさとともに、どうしても自身の気持ちの盛り上がりにも欠けます。何より、解説の北の富士さんにも気合が入らず、「つまんなくなったね ー」と正直におっしゃいます。その意味では、優勝決定が千秋楽まで延びたのはありがたいのですが、問題は貴乃花の脚の状態です。私はあの日、大阪から知人が数人上京し、新宿で会食をする約束がありました。貴乃花の動向は担当記者が取材しています。私のところにも携帯電話で逐一、情報を上げてくれることになっていました。

「貴乃花が病院に入った」「やはり右膝を痛めている模様」「千秋楽の出場はかなり難しい」そんな連絡が食事の最中に何度か入りました。しかし、その日のうちに「貴乃花休場」という確定情報は入ってきませんでした。

NHKの大相撲中継は、テレビの場合、毎日の放送後に、翌日の担当ディレクターとアナウンサーが放送の流れを打ち合わせします。「過去のこの両力士の対戦を映像で紹介する」「ここでは優勝回数の歴代5人を（字幕）スーパーする」「この仕切りで十両の結果を伝える」などなど、ある程度の放送の骨組みを前日に作ります。そして、担当当日の朝9時ごろには放送局に入り、今一度ディレクターとアナウンサーで確認します。10時からは、他のディレクターやアナウンサーも加わっての、全体打ち合わせです。その後、昼食を済ませ会場に入ります。ここでも14時から、カメラマンや音声担当など技術スタッフも加わり最終打ち合わせを行います。

さて、貴乃花の負傷から一夜明けて翌日の5月27日、日曜日、千秋楽です。いつもより少し早めに渋谷の放送センターに入りました。そこで「どうやら貴乃花は右膝を脱臼しているようだ」という情報は耳にしますが未確認です。まだ「貴乃花休場」とは伝わってきません。10時からの打ち合わせの段階になっても何の動きもないのです。その後、国技館に入る頃に「貴乃花は出場する」という情報が入ります。千秋楽の土俵進行はいつもより30〜40分早めです。解説の北の富士さんも午後3時には国技館に到着しました。第一声は「貴乃花、出るの?」「大丈夫?」でした。「どうやらそのようです」と答えるしかありませんでした。師匠の二子山親方（元大関貴ノ花）も休場はやむを得ないと考えていましたが、貴乃花が「ファンの皆さんのためにも出場します」と直訴してきたと話しました。

幕内土俵入りの始まりを告げる柝《き》の音《ね》とともに、放送席も十両担当から幕内担当に交代します。東から貴乃花の横綱土俵入りです。当然、右膝に注目します。四股を見る限り右脚で普通に体を支え、普通に右脚を土俵に下ろしています。

「大丈夫かね？ 止《や》めたほうが良いと思うけどね」「まだまだ将来があるんだから、無理しないほうが……」。北の富士さんはそんなコメントに終始します。土俵入りが終わり、「中入」の時間には本来ならば、貴乃花対武蔵丸の結びの一番を展望しますが、この時ばかりは展望をするような状況ではないのです。幕内の取組が始まっても放送席の意気は一向に上がりません。いつもの北の富士さんの面白さを引き出すこともできないまま、結びの一番が近づきます。

いよいよ、その時が来ました。来てしまいました。優勝が決まるかもしれない一番を迎えても、これほど気持ちが盛り上がらない経験はあとにも先にもありません。画面は貴乃花が左脚、右脚と踏み俵から土俵に上がる動きを映しています。そして一礼。

「大歓声に変わりました、両国の国技館です」「貴乃花が右の膝の負傷をおして土俵に立ちます」。私はそうコメントをしながらも、大丈夫なのか、相撲が取れるのか、武蔵丸も取りにくいだろう、そんなことを考えていたと思います。

北の富士さんも同じ思いでした。「(貴乃花は) 蹲踞《そんきょ》ができますかねえ？ これは武蔵丸も嫌でしょうね」

そのうち、右膝を気にする貴乃花が、膝頭を押さえて回しながら、外れた関節を入れようとする動きを何度か見せます。審判長を務めていた当時の九重親方（元横綱千代の富士）が「貴乃花が膝を気にしているのを見て、本割の最後の仕切りの前に『痛いのならやめろ』と土俵下から声をかけたけど聞こえていなかったのかな」とのちに話していました。

仕切りの最中は放送席も徐々に重苦しくなります。そして時間いっぱい。

「貴乃花が勝てば22回目の優勝が決まりますが、問題はもう右の膝だけです」「武蔵丸が勝てば優勝決定戦」

時間いっぱいまで来て、両横綱の思いが交錯します。とくに武蔵丸は、いかにも立ちにくそうな動きで最後の仕切りに入ります。すると、貴乃花がかなり早くつっかけてしまい武蔵丸は「待った」。時間いっぱいから2回目、今度は武蔵丸が先に右こぶしを下ろそうとします。しかし、貴乃花は集中しきれないのか全く手を下ろすことができません。呼吸を合わせようとしていた武蔵丸は我慢できず「待った」。そして3回目、意を決したように貴乃花は思い切って突っ込みました。武蔵丸はもろ手を出して受けたあとすぐに右から突き落とし。貴乃花は土俵に落ちました。

「あー、突き落とし、武蔵丸、あっけなく……優勝決定戦……優勝決定戦ですが、さあ貴乃花、取れるのかどうか」。国技館の喧噪《けんそう》の中で沈んだ声のコメントしか出てきません。「優勝決定戦ねー、まあ取ることは取るんでしょうが……」「これはね、武蔵丸の変化ね、どうしてこの大事な時に変化（するのか）と思われるかもしれませんが、武蔵丸も向かって行きようがないでしょう」と、北の富士さんが武蔵丸の心情を慮ります。

画面は東の支度部屋を映し続けていました。貴乃花は、周りを数人の付け人や若者頭などに囲まれながら、立ったまま小刻みに体を動かします。

「（このあと決定戦を）取らなきゃしょうがないんでしょうが、協会預りで後日（決定戦を行う）というわけにいかないかね」。こんな状況での優勝決定戦など観たくないという北の富士さんの思いが、ここでも言葉に表れました。支度部屋の外で柝の音が響き、両力士に花道奥への移動を促します。武蔵丸は支度部屋を出ますが、貴乃花はなかなか動こうとしません。そこから約2分、あらためて心を整理するかのように時間を取りました。そして貴乃花も支度部屋をあとにします。両横綱の花道入場に満員の国技館が大歓声に変わります。いよいよ優勝決定戦ですから、本来ならばこの大歓声も当然です。しかし、観客のほとんどが貴乃花の状況を知っているはずですから、この時の大歓声は異様に感じました。重苦しい気持ちは自分だけなのか、放送席だけなのか……。土俵に上がった両力士が仕切りに入ります。

「武蔵丸も今度は勝負しなければならないですね、相手のことを気遣うこともなしに……」。北の富士さんは意を決したように見解を述べました。その最中も、本割の仕切りの時と同じように貴乃花が何度も右膝を気にします。やがてその時が来ます。「制限時間いっぱいです」「さあ貴乃花が今度はどんなふうに取るのか、取れるのか」。最後の仕切り。武蔵丸が腰を割り、先に右手を下ろします。貴乃花も少し遅れて右こぶしを下ろすと、次の瞬間、貴乃花が踏みこみます。左右ののど輪で武蔵丸の上体を起こし、突き上げて得意の左上手をつかみます。虚をつかれたような武蔵丸がようやく太い右腕《かいな》を返すと、たまらず貴乃花の上手が切れます。しかし貴乃花はすぐに上手を引き直し、次の瞬間、痛めている右脚を軸に、十分に体《たい》を開いて渾身の上手投げ。武蔵丸の巨体が、土俵中央で横転すると、NHKのカメラは貴乃花のその瞬間の表情を映し出します。「鬼の形相」とも言われました。国技館はとんでもない場面を見たような驚愕の歓声が湧きあがります。その歓声が鳴りやまない中、貴乃花が東の花道を引き上げます。「こんな力が出るのか……」。北の富士さんも放心状態で言葉を発しました。両横綱が本割の土俵に上がってから優勝決定戦の完結まで、わずか22分でした。とても長い時間に感じました。

表彰式は賜盃拝戴《はいたい》、優勝旗授与と続き、次は総理大臣賞です。このひと月余り前に就任したばかりの小泉純一郎総理（当時）が表彰状を読み上げたあと、敢えて拍手が鳴り終わるのを待ちます。10秒、11秒、そして……。「痛みに耐えてよく頑張った、感動した！　おめでとう！」。この一言で、小泉総理にすべてを持っていかれてしまった気がしました。

武蔵丸は果たしてどんな思いだったのでしょうか。「正直言って、貴乃花の怪我はやはり気になった。（決定戦では）立ち合いも集中できていなかった。知らない間に負けていた」と、のちにこのように話しました。

武蔵丸はさらに「あの後、相撲を辞めたいと思った」とまで語りました。貴乃花の勝負師としての精神力には感服します。それに加えて、武蔵丸の優しさが勝負に影響を与えてしまったことも間違いありません。

一方、貴乃花が受けた代償はあまりにも大きすぎました。翌七月場所、貴乃花は「右膝外側半月板損傷の疑い（3カ月の安静加療を要す）」との診断書を提出して初日から休場します。

そのあとフランスに渡り、右膝の手術に踏み切りました。その後も検査のため2度の渡仏、手術から3カ月余りは経過観察の状態でした。受傷からまもなく半年になろうとする11月初旬に、ようやくリハビリが本格化します。

貴乃花は、七月、九月、十一月と休場し、翌平成14（2002）年一月場所での復帰を目指していました。12月7日には土俵での稽古を始め、12月下旬には幕下以下の力士に胸を貸すところまで来ました。しかし、大怪我を克服し本場所の土俵に立つことは容易ではありません。

平成14年一月場所の初日を二日後に控えた1月11日、休場届を提出します。二子山親方は「まだ50％程度、土俵復帰は難しい」と話しました。続く三月も休場し、横綱としての5場所連続全休は史上最長となります。さらに、五月場所、七月場所も休場したことにより、その場所後の横綱審議委員会で「翌場所の出場勧告」という異例の決議がなされました。横審は、出席委員の3分の2以上の決議で、軽いものから順に「激励」「注意」「引退勧告」などを横綱に言い渡します。ただし、拘束力はありません。横綱審議委員会規則の内規には「休場が連続しても、その怪我や病気の内容によっては再起の可能性を認め、治療に専念させることがある」とあります。そんな中、「出場勧告」は前例のない決議でした。

この間、武蔵丸が一人横綱として土俵を支えました。武蔵丸もこの頃、以前から痛めていた左手首の状態が悪化し、決して万全の状態ではありませんでした。それでも貴乃花不在の1年余り7場所で3回の優勝を果たし、優勝回数も11回まで伸ばしていました。

「あの（貴乃花との）決定戦以来、気持ちも乗らず手首も悪かったので、いつ辞めてもいいと思っていたが、貴乃花が戻って来るまでは、と思って土俵に立っていた」と、のちに武蔵丸はそう振り返ってくれました。

平成14年九月場所、ついに貴乃花が土俵に帰ってきました。8場所ぶり、まさに「進退をかけて」の土俵です。その貴乃花の復帰とともに、この場所は大関千代大海の綱取りにも話題が集まりました。千代大海は先の七月場所で2回目の優勝を果たしています。ところが、初日に千代大海が関脇土佐ノ海にはたき込みで敗れ、武蔵丸も小結貴ノ浪に送り出される波乱の幕開きです。貴乃花は新小結の高見盛を下して、あの武蔵丸との優勝決定戦以来1年2カ月ぶりの勝ち名乗りを受けました。しかし2日目、貴乃花は平幕の旭天鵬に敗れます。さらに5日目にも琴龍の肩透かしに不覚を取り、序盤で3勝2敗とあとがなくなります。

当時の時津風理事長（元大関豊山）も「やはり相撲勘が戻り切らないのかな。厳しいね」と不安を隠しませんでした。貴乃花はこの5日目以降、報道陣に一言も口を開きませんでした。この間、武蔵丸は立ち直り2日目から11連勝。千代大海も12日目を終えて10勝2敗で、綱取りに夢をつなぎます。貴乃花も中盤以降は安定感を取り戻します。優勝争いは、1敗で武蔵丸、2敗に貴乃花と大関の千代大海、魁皇の3人。それぞれの直接対決を残し、終盤、大いに盛り上がりました。

13日目はいよいよ、2敗同士で貴乃花と千代大海、1敗の武蔵丸と2敗の魁皇がそれぞれ組まれます。結び前、貴乃花が千代大海を引き落としで破り11勝2敗。千代大海は3敗となり、優勝争いから後退するとともに綱取りも苦しくなります。結びは、武蔵丸が魁皇の外掛けに屈し、ついに11勝2敗で両横綱と魁皇の3人が並びました。14日目、武蔵丸は千代大海を極め出し12勝2敗。千代大海は4敗で優勝の可能性も消え、場所後の綱取りは絶望となりました。また、貴乃花は魁皇を下し、ついに両横綱が12勝2敗で抜け出し、願ってもない千秋楽相星決戦が実現することになりました。

武蔵丸が貴乃花の「引き立て役」になってから1年と4カ月。武蔵丸自身、「相撲を辞めたい」という気持ちとも戦いながら、ひたすらこの日を待ち望んでいました。貴乃花も右膝の手術、そして過酷なリハビリにも耐え、「引退」の二文字を覚悟しながら、復活と呼べる日を求めてきました。舞台は、あの時と同じ国技館です。

平成14年九月場所千秋楽。この時も私は、北の富士さんとともに放送席にいました。二人の横綱が、二人の大関に猛追されながらも、やはり最後には強い者が残る、そんな番付の重みを示してくれた素晴らしい場所の締めくくりです。1年4カ月前の千秋楽とは、放送席に座る高揚感も全く異なります。進退をかけて臨んだ貴乃花は、その危機を脱し復活優勝が目の前にあります。一方の武蔵丸も、相星決戦という最高の形で、あの時の雪辱を果たす時が来ました。

千秋楽結びの一番。立ち合いは互角、貴乃花は左前まわしを狙いましたが、武蔵丸が突き起こし貴乃花にまわしを与えません。貴乃花はあごを引いておっつけながらまわしを探ります。しかし武蔵丸は徹底して貴乃花の上体を起こし、ついに太い右腕が入ります。この瞬間に武蔵丸の右腕が返り、貴乃花は万事休す。西土俵黒房下に武蔵丸が貴乃花を寄り切りました。武蔵丸の12回目の幕内最高優勝。それは1年4カ月の悔しさを拭い去る栄冠でした。貴乃花はこの場所こそ引退の危機を乗り越えました。ところが、再び右膝の悪化で翌十一月場所を休場。年が明けて平成15（2003）年一月場所の土俵に再起をかけます。しかし2日目、雅山の二丁投げに背中から落ち（勝負は物言い取り直しの末、貴乃花が勝ち）「左肩鎖靭帯損傷」で2日間の休場。5日目に復帰しますが、7日目に出島、中日に安美錦にそれぞれ敗れ、ついに引退を発表しました。そして、貴乃花の後を継ぐように、この場所後に朝青龍が68代の横綱に昇進します。

一方の武蔵丸も、この優勝のあと、翌場所の5日目に左手首をさらに痛め、そこから休場が続きます。貴乃花が引退した同じ平成15年、十一月場所の七日目、貴乃花から5場所遅れて武蔵丸も土俵を去る決意をしました。

通算での対戦成績は優勝決定戦も含めて貴乃花の29勝、武蔵丸の19勝です。そして、貴乃花の「鬼の形相」は自身22回目の幕内最高優勝、武蔵丸の「雪辱」は自身12回目の幕内最高優勝です。両雄にとって、いずれも最後の優勝となりました。

モンゴル出身横綱対決　至極の四つ相撲
（平成20年一月場所　千秋楽　白鵬○上手投げ●朝青龍）

高見山の来日、そしてその後の活躍により大相撲が転機を迎えました。昭和40年代から「外国人力士」という言葉が生まれ、小錦、曙、武蔵丸へとつながり、平成の時代に入るとハワイ勢ではなくモンゴルからの「ちからびと」が押し寄せます。のちの三役力士、旭天鵬や旭鷲山が平成4（1992）年に初土俵を踏み、その後の活躍を母国で観ていた朝青龍や白鵬が、日本の大相撲に夢を抱いてやって来ます。彼らの努力が、大相撲の頂点を極め、さらに次の世代を呼び寄せています。

68代横綱朝青龍。モンゴルのウランバートルに生まれ、モンゴル相撲で活躍していました。平成9（1997）年に高知県の明徳義塾高校に相撲留学、全国高校相撲選手権ベスト4をはじめ、日本の相撲にも短期間で順応しました。その素質を見た当時の若松親方（元大関朝潮、後の高砂親方）に誘われ、平成11（1999）年一月場所で初土俵を踏みます。

1m82㎝、106㎏。体ではさほど目立たない18歳の若者でした。ところが、その年の五月場所は序二段優勝、七月場所は三段目優勝と一気に番付を駆け上がります。普段、幕下以下の若い力士には論評を加えない北の富士さんが、「この子はいいねー、この足腰と運動神経、すぐに（番付が）上がって来るよ」とべた褒めしていたのを思い出します。

入門から2年目に入ると朝青龍は出稽古を重ねます。余談ですが、「出稽古」という言葉は本来、「芸事で師匠が出向いて教えること」という意味です。相撲や剣道、柔道などの武道では「競技者が他の稽古場に出向いて鍛錬すること」を指します。朝青龍は当時幕下の番付ながら積極的に他の部屋に乗り込んで、関取衆にも胸を借りることがありました。ある時、いくつかの部屋の力士が集まった稽古場に朝青龍が姿を見せました。もう朝青龍の名前は、相撲関係者の間では超有望力士として知れ渡っていました。この口、朝青龍は幕下力士同士の申し合い（勝ったほうが土俵に残り次の稽古相手を指名する勝ち抜きの稽古）で10人、15人と連続でなぎ倒します。時間もかなり経ったところで、白まわしを締めた関取が塩を撒いて土俵に入ると、そこからは関取衆の稽古が始まるという合図です。つまり、特別に親方の指示などがなければ、幕下以下の力士は土俵の外に出なければなりません。ただし、幕下の稽古で最後に勝った力士は土俵に残ります。この時、朝青龍が幕下の稽古で最後に残り、そこに十両の力士が入りました。幕下力士がそこで負ければ、もう出番はなくなり関取同士の稽古が始まります。ところが、そこから7番、8番と、朝青龍が関取に勝ち続けます。強いのはもちろんですが、そのスタミナにも驚きます。見かねた親方が「関取衆、何やってんだ!」と檄《げき》を飛ばします。10番ほど取ったところで、さすがに朝青龍もひとつ負けました。それでも「もう一丁、もう一丁」と朝青龍は、土俵に入ろうとします。

親方が「もういい、お前は下がれ」と言っても納得しません。しかも、指名してもらうために一番ごとに声を出し、手を挙げて出ていきますが、関取衆からはなかなか指名されず悔しそうな表情を浮かべます。10番ほどおいて見かねた関取（誰だったか記憶にないのですが……）が朝青龍を指名します。ようやく朝青龍が土俵に入ると、また3人4人と関取に勝ってしまいます。十両の力士では朝青龍に対抗できず、ついに親方が「土佐ノ海、行け」「魁皇、行け」と指示をして、当時三役力士だった二人が、朝青龍を止めるために土俵に入るという、そんな稽古場を見たことがあります。

稽古が終わったあと、朝青龍が私に「どうだったですか？今日の稽古、けっこう動けてたでしょ？」と無邪気に話しかけてきたことを今でも覚えています。それからほどなく、朝青龍は関取に昇進し、1年も経たない間に三役にまで駆け上がります。そして、入門から4年余りで横綱の地位を手にします。

朝青龍が新十両に昇進した平成12年九月場所、初日直前に左肩を痛めながらも9勝6敗と勝ち越し、潜在能力の高さを見せました。

その場所が終わった10月25日のことでした。季節も変わり、数日後には11月場所の新番付が発表されようという頃です。7人の若者たちがモンゴルから日本にやって来ました。大阪の実業団チームの摂津倉庫で日本の相撲を経験するためでした。2カ月間泊まり込みで稽古をする間に、大相撲の部屋から声がかかれば入門ができるという、彼らにとっては日本の大相撲界への「就職」もかかっていました。その7人の中に、のちの69代横綱白鵬(現、宮城野親方)がいました。

「運動能力は、他の子より多少あったかなと思います。高校受験の最終日にインフルエンザにかかりテストは受けられませんでしたが入学させてもらいました。モンゴルの学校は9月1日に始まります。高校に少し行っただけで日本に来ました」とは本人の弁。白鵬はモンゴルの高校よりも日本の大相撲を目指すことになりました。しかし、どの部屋からもスカウトの声はかかりません。ともにモンゴルから来た中の3人、後の猛虎浪《もうこなみ》、千昇《せんしょう》、太牙《たいが》は入門が決まりました。

やがて2カ月が過ぎ、明日はモンゴルに帰るという日が来ました。白鵬自身は「自分の運命が一番変わった日でした」とその時のことを述懐します。

「どこからも声がかからず、翌日の飛行機のチケットもいただき、両親にも土産を買っていました。両親に電話もしました。『力士にはなれない、オリンピックを目指します』と親父には伝えました。ところがその夜、さよならパーティーで食事をしているところに一本の電話がありました。力士になれるかもしれないという電話でした。朝と夜の何時間かで自分の運命が変わったという忘れられない日です」

平成12年12月24日、クリスマスイブに15歳の少年の運命が変わりました。モンゴルからの先駆者の一人で当時幕内力士だった旭鷲山が、師匠の大島親方（元大関旭國）を通じて宮城野親方（元前頭竹葉山《ちくばやま》）に「一人、入門させてもらえないか」打診してくれたのです。宮城野親方はこれを了承し、「一番背の高い子を預かる」と伝えました。入門が決まらず残った4人のうち、最も背が高かったのがのちの白鵬です。来日した時は1m75㎝、62㎏でした。宮城野親方は、白鵬の父親（ジグジドゥ・ムンフバト）がモンゴル相撲の大横綱（5年連続通算6回の優勝）であり、オリンピックの銀メダリスト（メキシコオリンピックのレスリング重量級でモンゴル初のメダリスト）でもあることなど、当初は知りませんでした。

当時のことを宮城野親方に聞くと次のように話してくれました。

「あまりにも細すぎる体を見て、（出世するのは）難しいと思った。とにかく最初は四股やてっぽうといった基本を教えるだけで相撲は取らせなかった。あとは無理やりにでも食べさせて牛乳を飲ませ寝かせるだけ。ところが教えたことがすぐにできる。飲み込みも上達も速い。入門からしばらく経った頃に白鵬の血筋を知り、『道理でモノが違う』と納得できた」

白鵬は平成13（2001）年三月場所で初土俵を踏みます。この時の新弟子検査では1m80㎝、80㎏に成長していました。初来日からわずか4カ月で身長にして5㎝伸び、体重も20㎏近く増えていました。しかし、すぐに相撲の結果が出るわけではありません。

朝青龍のように日本の高校で相撲を経験したわけでもなく、白鵬はまったくの「初心者」です。序ノ口の番付に初めて白鵬の四股名が載った平成13年五月場所といえば、前述の貴乃花が膝の大怪我に耐えて優勝を果たした場所です。その2日目、白鵬は相撲人生最初の一番で鳴戸部屋の隆古川《たかふるかわ》に寄り切りで敗れています。

「私の相撲人生は黒星から始まりました」。白鵬はよく口にします。そして、3勝3敗で迎えた千秋楽には、トンガ出身で武蔵川部屋の南ノ島に送り出され、最初の場所は3勝4敗の負け越しでした。その後は、宮城野親方の言うように、基本の稽古を大事にしながらみるみる技術を習得し、1年間、勝ち越しを続けました。しかも番付が上がるにしたがって体も徐々に大きくふっくらとしていきます。この頃から稽古場での白鵬の準備運動はますます念入りになります。関取に昇進してからは、2時間以上、ときには3時間はかけて、柔軟運動、四股、てっぽう、すり足とじっくり丁寧に体を温め、そしてようやく土俵に入って相撲を取る、そんな毎日でした。取材として白鵬の稽古を見学していますが、準備運動を延々と見せられても面白くはありません。稽古場の上がり座敷で稽古を見ながら、もうそろそろ相撲を取る稽古を始めてもらえないかといつも思っていました。

あるとき、すでに横綱になっていた白鵬本人に「準備運動が長すぎて正直言って面白くない」と冗談で話を向けたことがあります。「自分でも面白いわけはないですよ。でも、若い頃から毎日毎日これをやってきて、もうこれがないと稽古は始まらないし終わりもしないのです。これがあるから長く土俵に立てていると思います」。白鵬の出世物語は準備運動の賜物《たまもの》でした。白鵬が毎日積み重ねた努力は、少なくとも私には真似《まね》をすることができません。

白鵬の入門から丸2年、平成15（2003）年初場所後には、朝青龍が横綱に昇進します。白鵬は三段目から幕下に上がる頃で、将来を嘱望され始めていました。初めて幕下に上がったのが平成15年三月場所です。1m88㎝、102kgと体もまた一回り大きくなりました。

結局、最初の序ノ口の場所と三段目で一度ずつ、いずれも3勝4敗の負け越しがありますが、それ以外はすべて勝ち越し、平成16（2004）年初場所、入門から約3年で白鵬は新十両に昇進しました。ここから、さらに一段と地力を蓄えます。十両を2場所で通過し、新入幕の平成16年五月場所では12勝3敗で敢闘賞を受賞しました。そこから2場所で東前頭3枚目に躍進し、9日目には、ついに横綱朝青龍との初対戦が組まれます。ここは、朝青龍が貫録を示し勝ちましたが、翌十一月場所の11日目には、そこまで全勝だった横綱朝青龍に白鵬が土をつけます。2回目の挑戦で初金星を勝ち取りました。19歳8カ月での金星は、貴乃花に次ぐ2番目の年少金星獲得でした。

それでもこの場所、朝青龍は14日目に通算9回目の優勝を決めます。ここから朝青龍は、大鵬の記録を上回る史上初の7連覇を達成（平成22年から23年にかけて白鵬も7連覇）。さらに、平成17（2005）年は史上初の6場所全制覇を成し遂げました。この間、三役に定着（九月場所は前頭筆頭）した白鵬にも5連勝、朝青龍は全盛期を迎えます。武蔵丸の引退から白鵬の横綱昇進まで3年半にわたり一人横綱として君臨しました。

平成18（2006）年に入り、関脇白鵬が一月場所、三月場所と連続で横綱朝青龍を倒します。とくに三月場所は朝青龍との優勝決定戦まで進み、下手投げで敗れて初優勝こそなりませんでしたが、場所後に大関昇進が決まります。同年五月場所、白鵬は新大関で、関脇雅山との優勝決定戦を制して初優勝。「すぐにも横綱確実」と期待は高まります。翌七月場所、綱取りに挑んだ白鵬は千秋楽、朝青龍に勝って13勝2敗の好成績（準優勝）で終えました。横綱審議委員会の内規には、横綱昇進の条件として「大関の地位で2場所連続優勝、またはそれに準ずる成績」とあります。白鵬はそれを満たしていましたが、「朝青龍が独走で14日目に優勝を決めた」という理由で、審判部は「もう1場所、様子を見よう」と判断、この場所での横綱昇進は見送られました。

翌九月場所、白鵬は場所前の調整も順調でした。初日のＮＨＫ大相撲中継で「中入」の時間、この場所の展望をします。「再び朝青龍と白鵬の優勝争いになるのではないか。白鵬の横綱昇進は可能性十分で期待したい」とは、解説の北の富士さんの見解でした。

ところが、白鵬は初日の小結、稀勢の里戦で敗れてしまいます。しかもこの相撲で白鵬は、稀勢の里に突き落とされた際に右膝を痛めてしまいました。その影響もあり中盤で綱取りは消滅、8勝7敗で場所を終えました。

綱取りは出直しです。七月場所後に横綱昇進が見送られたことで、さらに白鵬に不運が続きます。次の十一場所に向けて右膝は回復し、福岡に乗り込んだ数日後でした。今度は左足親指を骨折してしまいます。11月2日に手術、9日に退院。12日に初日を迎える十一月場所には到底間に合いません。この場所の休場で横綱への道のりが遠のきました。

しかし、流れが変わります。翌平成19（２００７）年2月19日、和田紗代子さんと結婚。

「素晴らしい女性と出会ったのも運命なのかなと思います。自分が一番マイナスになっている時に、そばで支えて励ましてくれました。大関に昇進したら結婚しようという気持ちがありました」と、白鵬は振り返っています。

直後の三月場所、優勝決定戦で朝青龍を破り2回目の優勝。さらに五月場所は、自身初の全勝優勝を果たし2場所連続優勝で、今度こそ文句なしで69代横綱に推挙されました。横綱が誕生すると、一門の力士や関係者が集まり、綱打ち式が行われます。土俵入り用の真新しい純白の綱（＝横綱）が完成すると同時に、新横綱は土俵入りの稽古に入ります。その後、横綱推挙式、そして奉納土俵入りが明治神宮で行われます。初めて披露する土俵入りです。また、横綱力士碑がある富岡八幡宮や、相撲の始祖とされる野見宿禰《のみのすくね》を祀る野見宿禰神社での奉納土俵入りなど、公式行事が続きます。この間に後援者への報告や挨拶、テレビや新聞などのインタビューや取材……。今までにない多忙を極めます。

平成19年七月場所が初日を迎える10日ほど前、NHK大相撲中継初日の放送用として、白鵬のインタビューを収録するために宿舎に向かいました。地方場所の場合、力士は初日の2週間前には現地入りして稽古を積んでいます。当時、宮城野部屋の名古屋での宿舎は緑区鳴海町の浄泉寺でした。お寺の一室を借り、カメラなどの準備をして待っていると新横綱が現れました。白鵬の第一声は次のようなものでした。

「いやあ、忙しいですねー。ギリギリですみません。横綱に昇進して、相撲を取る前にこんなに大変だとは思ってもいませんでした。今も、後援者の方がお祝いを持って来てくださって、少し話し込んでいました」。汗をぬぐいながら座布団に腰を下ろし、このあとインタビューを受けてくれました。

一場所15日制が定着してから誕生した横綱は33人います。しかし、新横綱の場所で優勝したのは、現在に至っても大鵬、隆の里、貴乃花、稀勢の里、照ノ富士の5人しかいません。新横綱としての精神的な重圧ももちろんあると思いますが、昇進以降も稽古を積みながら、多忙な毎日を重ねていく中での肉体的な疲れが、この結果となっているのは間違いなさそうです。

さて、3年半ぶりに番付の東西に横綱が座り、モンゴル出身の両横綱の時代が幕を開けました。この時点で朝青龍はすでに20回の幕内最高優勝を果たしていました。白鵬はまだ3回の優勝ですが、これから幾度となく繰り返されるであろう朝青龍と白鵬の覇権争いに期待は高まりました。新横綱の滑り出しは順調でした。初日から白星を並べ9連勝。しかし、その内容は相手の腕を両手で抱えての「とったり」や「はたき込み」など、白鵬本来の右四つの相撲はほとんどありません。一方の朝青龍は、初日にいきなり小結安美錦の上手投げに屈しますが、その後は立ち直って勝ち続けます。

白鵬は10日目、全勝同士での対戦で関脇琴光喜の上手出し投げに敗れ、横綱としての初黒星を喫しました。この時点で、琴光喜が10戦全勝、朝青龍と白鵬が9勝1敗で追う展開となります。しかし、翌11日目に、朝青龍が琴光喜を退け、ついに3人が10勝1敗で並びました。13日目、白鵬が大関琴欧洲に敗れます。ここから千秋楽まで白鵬は3連敗。中盤までは、白鵬らしさが見られず捌《さば》きながら白星をつかんできましたが、終盤にきて案の定、場所前からの疲れが出てしまいました。結局この場所は、朝青龍が初日黒星の後、2日目から14連勝で21回目の賜盃を手にしました。朝青龍が、まだまだ白鵬には天下を取らせないという意地を示し、翌場所以降にも興味を膨らませてくれましたが、事件が起きたのはこの直後です。

七月場所後の北海道、東北と回る巡業を、朝青龍は「腰椎骨折と左肘靱帯損傷」を理由に休場します。ところがこの間、モンゴルでサッカーに興じていたことが発覚します。これにより、2場所の出場停止、30%の減俸（4カ月）などの処分が下されます。平成19年九月場所、十一月場所と朝青龍が不在の間、白鵬が連続優勝を果たし、若い横綱の力を示しました。朝青龍は、十一月場所後、日本相撲協会に謝罪し、12月2日からの巡業に参加します。そして新しい年を迎えることになります。

出場停止明けの朝青龍がどんな状態で土俵に復帰するのか、白鵬の連覇が伸びるのか。

平成20（2008）年一月場所が幕を開けました。新春の国技館、その初日。朝青龍の土俵入りにはヤジも飛んでいました。そんな逆境の中でも、朝青龍は結び前の取組で小結琴奨菊を下し平然と勝ち名乗りを受けます。白鵬も順調に滑り出しました。

ところが2日目、朝青龍が前頭筆頭の稀勢の里に敗れます。さすがの朝青龍も、2場所連続出場停止からの復帰は、苦しい土俵が続くのかと思われました。しかし、百戦錬磨、翌3日目から気迫十分の取口で復活します。白鵬も10日目に関脇安馬（のちの日馬富士）に不覚を取りますが、翌日から立ち直ります。両横綱が13勝1敗で並んだまま千秋楽に突入することになりました。

千秋楽相星決戦。15日制が定着してからは35回目、横綱同士としては、平成14年九月場所以来22回目でした。前回は、あの貴乃花の「鬼の形相」から8場所ぶりの対決で、武蔵丸が貴乃花に雪辱した相星決戦でした。

東から白鵬、西から朝青龍、両横綱が土俵に上がる直前から国技館は大歓声に包まれます。呼出の声も行司の声もかき消されました。敢えてコメントをせず、また解説の北の富士さんにも舞の海さんにも話を向けず、仕切りを見守りました。アナウンサーの余計なコメントよりも、カメラが迫る両横綱の表情と、国技館のざわめきや歓声だけのほうが緊迫感は伝わります。

4回目の仕切りの前に白鵬が頬を膨らませ、ひとつ大きな息を吐きます。表情が険しくなってきました。朝青龍は少し視線を落とし、まだいつもほどの気迫は見せません。時間前の仕切りですが、放送席で固唾《かたず》を飲んでいると、立つのではないかと一瞬思うほど、両力士が見事に呼吸を合わせて仕切り線にこぶしを下ろしました。しかし、立ちません。両者はおもむろに両こぶしを土俵から離しました。その直後、一気に厳しい表情に変わり互いに相手をにらみつけます。仕切り直しです。そして時間いっぱい。赤房と白房の下、呼出が立ち上がり制限時間いっぱいを告げます。朝青龍は例によって、利き腕の左手でバーンとまわしを叩き塩に向かいます。白鵬の背中は静かに塩に向かいます。

ここで、私はコメントを入れました。「さあ時間になりました、決戦です」「日本中が注目する中で、そしてモンゴルの国の中も大騒ぎだと思います」「白鵬でしょうか！」「朝青龍でしょうか！」

34代木村庄之助の軍配団扇《ぐんばいうちわ》が返りました。白鵬は右の張り差しで先手を取って右四つ。朝青龍がすぐに左を巻き替えに行きますが、これを白鵬は許さず土俵中央。白鵬は画面の向こうで左上手を引いていきます。白鵬十分です。朝青龍は上手が取れません。ここで白鵬が仕掛けます。両まわしを引きつけて出ようとした瞬間、朝青龍も左上手に手がかかります。右四つがっぷり。

ここからの両者が圧巻でした。そのまま互いに渾身の力で引きつけ合い。どちらも下半身が浮き上がるのを防ごうと、腰を割って踏ん張ります。これによって向正面土俵から正面土俵へ、ふたりの足の跡が轍《わだち》になるぐらいに、じりじりと低い体勢で両者が動きます。朝青龍の左足が正面の俵にかかったところで、また土俵中央に戻ります。ここで館内の歓声は「おおー」というどよめきに変わります。「意地と意地の力比べ！　がっぷりです」

そのあとも両力士が力を休める暇はありません。白鵬が引きつけて寄ろうとすれば、朝青龍がひきつけ返してわずかに吊り上げます。白鵬がここはしのいだ直後でした。すぐに白鵬が、左脇を十分に締めての強烈な左上手投げ。朝青龍が正面土俵で裏返しとなりました。「上手投げーっ！　白鵬優勝！　重圧を誇りに変えました」「熱戦でした！」「休場明けの横綱には絶対に負けられない、その思いがこの力を生みました！」

およそ50秒の大熱戦、そこには呼吸を整える時間もない、一瞬たりとも相手に隙を見せられない、両横綱の技能と力と意地が詰め込まれていました。

歴史に残る名勝負は、数えきれません。しかも、大相撲ファンのそれぞれが、自分自身の尺度で名勝負を記憶にとどめています。私自身は、NHKとAbemaであわせて40年余り、大相撲の実況放送を担当してきました。その中で、この時の白鵬と朝青龍の闘いは文句なしに最高の大相撲だったと今でも思います。昨今、力士が大型化し、四つに組んでの熱戦が少なくなりました。押し相撲が増え、取組の時間も平均して短くなりました。だからこそ、相撲の醍醐味を再発見させてくれる価値のある相撲でした。

翌場所の千秋楽も、白鵬と朝青龍による12勝2敗同士での相星決戦となりました。ここでは朝青龍が小手投げで白鵬を下して雪辱し、22回目の優勝を果たしています。両横綱の鎬《しのぎ》を削る時代が、まだしばらくは続くと思われました。

しかし、その年の七月場所で朝青龍が左肘を痛めます。途中休場も含め3場所の休場。その後、朝青龍は土俵に復帰して2回の優勝を果たしますが、平成21（2009）年一月場所からの白鵬との直接対決では7連敗。完全に両横綱の力は逆転していました。そして、平成22（2010）年一月場所中の暴力事件で、朝青龍は引退に追い込まれます。白鵬は、そこから12年近く横綱を張り続けました。今一度、両雄の熱戦を観たかった、そう思うのは私だけではないでしょう。

第4章

大相撲中継面白解説、まさかのハプニング！

NHK解説者　とっておきの話

ＮＨＫの大相撲中継は、ラジオが昭和３（１９２８）年1月12日、テレビは昭和28（１９５３）年5月16日に始まりました。長い歴史の中で、ラジオ音声も、テレビ映像も、劇的な進歩を遂げました。しかし、放送席に実況アナウンサーがいて、大相撲経験のある解説者や親方との会話を中心に取組を伝える形は、草創期から大きな変化はなく今日に至っています。

ラジオ中継が始まってしばらくは、アナウンサーが一人で取組の様子や結果を伝えていました。つまり、今のような解説者はいませんでした。ところが当時は、仕切りの制限時間が幕内で10分もあったため、さすがのアナウンサーも間が持てなくなることがありました。そこで、川柳や俳句の専門家を放送席に迎え、アナウンサーの横で思い付く一句を書いてもらい、仕切りの合間に紹介することもあったそうです。

大相撲中継にＮＨＫ専属の解説者が登場したのは、テレビ中継が始まった昭和28年のことです。ラジオの時代は、目の前の状況をアナウンサーが描写すれば、全国で大相撲を楽しみにしている人たちに勝負は伝わると考えていました。しかし、テレビの時代になると、不要になる描写もあります。そこで、大相撲経験のある専門家が、力士の詳細な情報や取口などについて語り、情報に厚みを持たせることになりました。

初代の神風正一さんから現在の北の富士勝昭さん、舞の海秀平さんまで7人の専属解説者が、専門家として深みのある切り口で、大相撲の魅力を引き出してくれています。まず、年代を追って振り返りましょう。

初実況の隣には大相撲解説の名人

●神風正一（元関脇 NHK専属解説者期間 昭和28《1953》年〜昭和62《1987》年）

神風さんは今も語られる「大相撲解説の名人」です。昭和60（1985）年の春、大阪は、私自身のラジオ実況デビューの場所でした。前年の七月場所と十一月場所に、ラジオのディレクター役で大相撲中継を経験してはいましたが、実況アナウンサーとして放送で声を出すのは初めてです。大相撲の新人アナウンサーはラジオの、それも幕内前半の約1時間が初実況でした。当時も今も、経験の浅いアナウンサーはラジオの幕内前半だけを実況すると、後半は先輩に交代します。

昭和60年三月場所3日目。担当を決める先輩の計らいで、初放送は神風さんの解説でした。「神風さんならば、藤井がどんな放送をしても助けてもらえる」という先輩の親心でした。前年の七月、大相撲の初仕事の時に、名古屋で神風さんに初対面のご挨拶はしています。そして初実況となる三月場所は、初日に「あさって、3日目のラジオの放送でご一緒します。よろしくお願いします」とあらためて頭を下げました。

いよいよ3日目です。3歳の時から観てきた大相撲です。今度は自分が伝える側で、その放送席にいます。そして何より、子供の頃からその姿をテレビで拝見し、その声を聴いてきた神風正一さんが隣にいるのです。今までの人生で最も緊張した瞬間だったかもしれません。放送席に神風さんがお見えになった時、「神風さん、どうぞよろしくお願いします」とご挨拶をすると、「藤井くん、思い切っておやりなさい。何でも聞いてください」と優しい声で返してくださいました。

午後4時のニュースが終わり、太鼓が鳴って大相撲中継が始まりました。それからどんな実況をしたのか、神風さんとどんな会話をしたのか、何も覚えていません。幕内の前半が終わり、5時のニュースの間に後半担当の先輩と交代しました。その時、神風さんが「藤井くん、上出来でしたよ」とかけてくださった一言は、今でも忘れません。

その時の初放送を、先輩がカセットテープに録音してくれていました。翌日、そのテープを渡され、場所後に出張から帰って聴きました。「上出来」なはずはありませんでした。神風さんとの初放送、そのカセットテープが今、どこを探しても見当たりません。転勤の引っ越しの際にどこかで紛失したのかもしれません。一生の不覚です。

人間味溢れる名解説に巧みな表現

●玉の海梅吉（元関脇　NHK専属解説者期間　昭和30《1955》年〜昭和57《1982》年）

現役時代の四股名は「玉ノ海」ですが、解説者としては平仮名を使い「玉の海梅吉」でした。厳密にいえば、番付上の四股名は「玉ノ海木毎吉」で、「梅」という文字の「木」と「毎」が続けて縦に書かれていました。私自身は、神風さんの解説と同様、幼少の頃から、玉の海さんの解説も聴いていました。太い声で、独特のイントネーション。そして巧みな言葉遣い、数々の名言は今も語り継がれています。時々、解説に贔屓《ひいき》も出ました。

前述しましたが、柏鵬時代のことです。柏戸が、昭和38年（1963）年一月場所前に右手首の捻挫に加え肝機能障害などを発症し、そこから長期の休場を余儀なくされました（翌三月場所は初日から5連勝も、7日目から休場、五月、七月場所は全休）。この間、柏戸は塩原温泉郷に籠《こも》り復帰を目指します。そして土俵に戻った、その年の九月場所で、なんと初日から14連勝。一方の大鵬も14戦全勝で、昭和35（1960）年三月場所の若乃花・栃錦戦以来3年半ぶりの千秋楽全勝対決が実現します。千秋楽の放送で、玉の海さんが、思わず「柏戸に勝たせたいねえ」とポツリとつぶやいた一言は、今でも語り草です。
また、初代貴ノ花にも思い入れがありました。その粘り腰の素晴らしさをこう表現しています。「貴ノ花の下半身にはもう一つの命があります」

貴ノ花がなかなか横綱には昇進できないときにはこんなコメントを残しました。「あそこ（大関）まであの体力で行ったら、これだけでもう立派じゃないかと。もうあまり責めないでおいてくれっていうような感じさえしますねえ」。玉の海さんの解説は、人情や自身の心情に溢れていました。

そして、昭和57（1982）年十一月場所千秋楽、玉の海さん最後の解説では、自身が経験した稽古や大相撲の世界の厳しさに「相撲というのは、下りのエスカレーターを、下から重い荷を背負って精一杯歩いていくのと同じだと思うんですよ」と語りました。こうした数々の名言が、視聴者の心を揺さぶり続けました。今、思い出してもジーンときます。

昭和54（1979）年五月場所の最中、私は同期のアナウンサーとともに、NHKの新人研修で蔵前の国技館に行ったことがあります。そのとき玉の海さんから大相撲に興味があるのかと聞かれ「大いにあります」と答えると、「相撲は奥があって面白いですよ。諸先輩を見習って頑張ってください」と温かい言葉をいただきました。

それから3年半、玉の海さんは70歳を機に大相撲解説を勇退されました。残念ながら私は間に合わず、放送でご一緒したいという願いはかないませんでした。

双葉山と対戦した最後の現役力士

●若瀬川忠男（元小結 NHK専属解説者期間 昭和60《1985》年～平成3《1991》年）

若瀬川さんは、私が2歳になった時に現役を引退しましたから、相撲は見ていません。戦時中の昭和17（1942）年一月場所が新入幕で、神風さんと同時でした。ご本人によると「双葉山関と対戦したことがある最後の現役力士」と呼ばれた時代があったそうです。引退後、浅香山親方として後進の育成に当たりましたが、私が大相撲の仕事を始めて半年で日本相撲協会を定年となったため、親方時代は接点がありませんでした。それでも、大相撲中継における私の新弟子時代から大変お世話になりました。

お話好きで、とくに照國（38代横綱）の話はよく聞くことができました。同じ伊勢ヶ濱部屋に入門し、照國より1つ年下ながら、初土俵は昭和10（1935）年一月場所の同期生です。「出世はとにかく速かったですよ。追いつこうなんて思えない」という話から、「照國関が横綱になる前に、虫垂炎のため生死をさまよった」時の話や、「戦争で食べるものもなく、あの照國関の太鼓腹がしぼんでしまった」といった話など、淀みない回想には引き込まれたものです。

晩年、両国の国技館の近くに「ちゃんこ若」という店をオープンしました。昼はコクのあるカレー、そこにとんかつやチキンカツ。夜はちゃんことという店で、看板には「勝つカレー」と書いてありました。のちに息子さんがこの店を継いでいます。放送の前にはカツカレー、放送が終わればちゃんこ、大相撲アナウンサーの行きつけの店でした。

本名で解説席に座った唯一の解説者

●緒方昇（元関脇、北の洋《きたのなだ》 NHK専属解説者期間 昭和63《1988》年〜平成12《2000》年）

NHKの歴代の大相撲専属解説者の中で、ただ一人本名に戻って放送席に座ったのが緒方昇さんです。「北の洋、言いにくいでしょ？ それと、長い間、四股名や年寄名での人生でしたから、これを機会に自分に戻ろうと思いましてね」。そんな理由を、穏やかに笑みをたたえて話して下さいました。

北海道網走市の出身で、昭和14（1939）年、名門立浪部屋に入門。昭和15（1940）年に初土俵を踏みました。

「あの頃は、大きな部屋には100人ぐらい力士がいましたからねえ。寝るところもないぐらいでした。出羽海部屋が多かったと思いますが、立浪部屋も多い時には70～80人はいたと思いますよ。何しろ、2時、3時に起きないと土俵に入っての稽古ができないわけですから、早起きも競争でした」。当時を思い出しながら、こんな話をしてくれました。

その後「白い稲妻」と呼ばれ、左差し右おっつけの相撲で活躍します。現役引退後も武隈《たけくま》親方として、日本相撲協会の理事、監事などの要職を歴任しました。常に髪の毛の一本も乱れることがないように整え、身なりにも心を配るところも印象に残っています。語り口も柔らかい紳士でした。私自身のNHKアナウンサーとしてのスタートが網走に近い北見放送局でしたから、緒方さんのふるさとの話もよく聞かせていただきました。網走市の隣町、小清水町には原生花園があります。ハマナスやエゾスカシユリ、エゾキスゲをはじめ200種にも及ぶ草花を見ることができます。厳冬には流氷が押し寄せます。そんなふるさとの自然を語るのもお好きでした。緒方さんのふるさとに一番近いJR北浜駅は「流氷に一番近い駅」と呼ばれているそうです。

緒方さんの娘婿が、関脇黒姫山（のちの武隈親方）です。昭和50年代に「デゴイチ」の愛称とともに馬力のある押し相撲で人気の力士でした。私自身も武隈親方とは放送で何度もご一緒しましたし、食事に誘っていただくこともありました。そして、緒方さんの孫は黒姫山の長男の羽黒洋《はぐろなだ》。その息子、曾孫の虎之介が黒姫山（境川部屋）の四股名を継ぎました。十両昇進が近づいています。4代にわたる相撲一家です。

放送途中の即興川柳?でお馴染み

●出羽錦忠雄(元関脇 NHK専属解説者期間 平成2《1990》年〜平成11《1999》年)

「ウケ狙いの面白さ」では、出羽錦さんの右に出る解説者はいません。現役時代は左四つ、半身になって動かない持久戦の相撲で、横綱若乃花を苦しめた相撲もありました。私が小学校に入学した頃もまだ現役でしたから印象に残っています。あの頃、若秩父(のちの常盤山親方)という13〜14歳も年下の力士が19歳で入幕してきます。丸い体で大きな腹を使っての相撲に勢いがありました。その若秩父は、大量の塩まきでも人気を博します。出羽錦が確か37〜38歳になる頃だったと思います。若秩父との対戦では、先に若秩父が塩をまくのを待ちます。若秩父が塩を吊り屋根に向けて放り上げ、そこに館内の大拍手が来ます。大量の塩が降り、拍手が収まる頃を待って、出羽錦は指先につまんだごくわずかの塩を故意にパラパラと足元に落とします。薄味の料理でももっと使うだろうという、観客からは見えないぐらいの量の塩です。ここに、どっと笑いが来ます。これから真剣勝負という時に笑いを取るという、その面白さに子供ながら「ウケた」覚えがあります。

のちに放送の中でその話に水を向けると、「あの頃は、高度経済成長期といっても、食料品から何から貴重な時代ですよ。塩だってもったいないんですよ」という答えでした。ちなみに、この頃2年余りにわたり出羽錦は若秩父に8連敗でした。

出羽錦さんの解説は、放送の途中で川柳を詠むというのがおなじみでした。視聴者の皆さんも楽しみにしていました。今だから話します。出羽錦さんは、放送席に到着すると背広の内ポケットからおもむろに一枚の紙を取り出します。そこにはいつも3句の川柳が縦に書かれています。「藤井くん、きょうはどれにしようか?」。自身が考えてきた川柳から1句を選ばせるわけです。私はしばらく考えて、「これがいいですねえ」と真ん中の句を指さします。「わかった、それでいこう。ちゃんと振ってくれよ」。つまり、放送のどこかで、その川柳に結び付くようなコメントをしてくれよということです。これで打ち合わせは終了です。幕内の取組が進みます。

若貴、曙の時代でした。貴花田が一気に前頭上位に躍進する頃です。幕内前半の取組が終わっても、なかなか川柳へのきっかけがつかめません。すると出羽錦さんが横でメモを書いて私に渡します。「早く振ってくれ」と書かれています。ひとつ出羽錦さんに向けて頷き、「さて注目の貴花田がそろそろ花道に入ります」とコメントすると、カメラが貴花田の姿を映します。そこに、すかさず出羽錦さんが一言。「一句、浮かびましたねえ。こんなのはどうでしょう?『寝て起きて　また強くなる　貴花田』」。「お見事! いやまさに、おっしゃる通りです」

すい臓がんのため、平成17(2005)年の元日に逝去されました。まもなく20年になります。「藤井の野郎、バラしやがった」と天国からお怒りかもしれません。

北海道出身の元野球少年は話術の達人となる

●北の富士勝昭(52代横綱 NHK専属解説者期間 平成10《1998》年〜令和6《2024》年)

北の富士さんを語れば1冊の本になるぐらい、皆さんにお話したいことは山ほどあります。話の広がりは、まさに芸術です。しかも北の富士さんが語る昔話には、その情景を浮かびあがらせる技があります。ご本人が、おそらく意識をしない中での技能です。「北の富士さんとさがり」の話は後述しますので、ここでは北の富士さんの入門の頃の話をします。

謙遜家です。冗談でしか偉そうなことは言いません。まだ北の富士さんが九重親方として、千代の富士や北勝海の師匠だった頃です。私はある時、北の富士さんの生い立ちから現在までの物語を読んでいました。そこにはこんなことが書いてありました。〈中学時代は軟式野球部でした。卒業が近くなり、北海道の野球の名門校、北海高校や、旭川南高校などいくつもの高校から誘いがありました〉。その話を北の富士さんに向けたことがあります。

藤井「相撲ではなく、野球の道に進む気持ちはなかったのですか?」

北の富士「野球もやりたかったけど、素質がないとわかっていたからね。足が遅かったんだよ。鈍臭いというのかな」

藤井「えっ⁉ 本当ですか? 初めて聞きました」

北の富士「速そうに見えるでしょ?」

藤井「相当速そうですよ」

北の富士「走るのが好きじゃないし、ベースランニングも大嫌いだった」

藤井「それでも4番でエースだった?」

北の富士「エースなんてなったこともないよ。球は速いんだけど、ストライクが入らないんだから……」

藤井「でもいくつもの高校からスカウトがあったと聞きますよ?」

北の富士「ないないないない。それも全部作り話だよ」

多分に謙遜は入っていると思いますが、これが事実ならば私の読んだ書物が眉唾《まゆつば》になってしまいます。この先も、北の富士さん自身の語りで事実を並べてみます。

昭和32（1957）年の年明け早々、北海道旭川を発《た》ち函館に向かいます。「旭川の駅で見送られたときは、ジーンとくるものがあったね。でも、またすぐ帰るって内心思っていたから……」。そこから、青函連絡船です。「いやもう、揺れたのなんのって、死ぬと思ったね。冬の海は荒れるんだよね」

船酔いでふらふらになりながら、青森から列車に乗って上野へ。同年1月7日の早朝、上野駅に到着しました。ここでアクシデントが待っています。

北の富士「間違えて、上野駅の動物園口のほうに降りてしまった。少し坂があって、そこですってんころりんですよ。おふくろに持たされた3つの大きな袋があってね。中には小豆がぎっしり入っている。旭川からお土産用に担いできた小豆でね。ひとつは出羽海部屋に、ひとつはスカウトしてくれた千代の山関に、もうひとつは東京でこれから世話になる人に、ってことでね。転んだ途端に、一袋がバーンとはじけて、坂に散らばってしまった。当時、小豆は赤いダイヤモンドといわれていましたよ。貴重だったんですよ。途方に暮れたよね」

藤井「雪でしたか？」

北の富士「いや、東京は全く降っていなかった。下駄に金具を打って来たら、アスファルトの上で滑っちゃった。それでも、通りすがりの人や通勤の人が小豆を集めてくれて……。最後に残ったおじさんが『にいちゃん、背が高いな。相撲に行くのか？』って。学生服に下駄だから、そう思ったんでしょうね。『そうです』って答えたら、『名前は何ていうんだ？応援してやるよ』って言ってくれた。ありがたかったねえ。東京にもいい人がいると思った」

そして、出羽海部屋に向かいます。

北の富士「部屋に着いて『ごめんください』って言ったら、それはもうデカい人がぬーっと出てきた。後で知ったけど、前の年に入門した風ヶ峯《かぜがみね》（当時序二段）って兄弟子だった。背が2mぐらいはあった。びっくりしたよ。当時、俺は1m78cmだったけど、田舎にいたときは俺より大きい人はほとんどいなかったからねえ。すぐ帰りたくなった。これはえらいところ来たなってね。でも逃げるわけにいかない。『千代の山関に会いたい』って言うと『千代の山関は、ここではなく自宅にいる』と言って案内してくれた。そこでまた二度目のびっくり。応接間で待っていたら風呂上がりの千代の山関が、髪の毛はバーッと洗い髪でね、腰巻きを巻いてね、上半身裸で現れた。北海道で会った千代の山関は痩せてガリガリに見えたんだよね。それがね、筋肉質だったんだよ。その体を見たときは驚いた。顔もすごいしね。今度こそ、もう帰ろうかと思ったね。ほんとに。驚いたの何のって」

藤井「出羽海部屋での生活には、すぐに慣れましたか？」

北の富士「北海道を毎晩思い出しましたよ。食べる順番がやっと回ってきたら飯もないし、寝るところも油くさい汚い布団でね。稽古場の上がり座敷の板の間に寝かされて寒くてねー。もう最初の晩から泣いていましたよ。やはり、生まれ育った北海道の楽しいことばかりが目に浮かぶよね。夏は川で泳いで冬は山でスキー。勉強はせず遊んでばかりいたから楽しかった。それを思い出すと帰りたいよ。歩いてでも帰りたい。でも海があるから無理だよね。東京の相撲部屋生活では遊べないと思うとつらかったねえ。まあ3～4年経ったら、少し遊びを覚えてきたけどね（笑）」

北の富士さんが初めて上京した日、昭和32（1957）年1月7日は、実は私の誕生日です。北の富士さんが上野駅に到着したのが早朝でした。私も、その日の早朝に岡山県の児島という田舎で生まれました。北の富士さんに初めてその話をした時、「えっ⁉ そうなの？ へー、奇遇だねえ。縁があったんだねえ」。その言葉も忘れません。

1年契約のはずがもう四半世紀

●舞の海秀平（元小結 NHK専属解説者期間 平成10《1998》年～）

「技のデパート」「平成の牛若丸」と異名を取りました。舞の海さんと初めて会ったのは出羽海部屋の師匠の部屋でした。平成2（1990）年の2月のことです。当時の師匠は、50代横綱佐田の山の出羽海親方です。柏鵬時代、大鵬や柏戸と比べると体は決して大きくありませんでしたが、小気味のいい突っ張りで立ち向かい、左四つになっても攻め続ける、そんな闘志むき出しの取口が好きで贔屓の力士の一人でした。

その出羽海親方のもとへ取材に伺った日です。師匠の部屋に通され、お茶と和菓子をいただきながら、目的の取材を終えようとしたときでした。師匠が大きな声で「おーい」と若い力士を呼びます。すぐ部屋に入ってきた力士に「長尾を呼んで来い」と指示します。「はい」と言って若衆が出て行き、しばらくして入ってきたのが長尾秀平でした。

「こいつが今度（出羽海部屋に）入ってきた長尾という男で、小さいけど面白い相撲を取るよ。藤井さん、覚えておいて」と、出羽海師匠が紹介してくれたのです。直立不動で師匠の話を聞き、「よし、もういいぞ」と言われたところで、長尾は「失礼します」と言って師匠の部屋を出て行きました。「日大から小さい選手が力士になる」と聞いていたので存在は知ってはいましたが、直接その姿を見ると、確かに「（大相撲の世界で）大丈夫かな?」と思えるほど小柄でした。

まもなくして三月場所前に、新弟子検査が行われます。ところが長尾は身長が足りず不合格となります。「師匠は当時、事業部長で（日本相撲）協会のナンバー2でしたから、少しぐらい身長が足りなくても、裏から手を回してくれていると思っていました。『不合格！』と言われた時はショックでしたねえ」

それから2カ月後の、五月場所前の新弟子検査までに身長が伸びるはずもありません。「九州に気功の先生がいて背を伸ばしてくれる」と聞き、すぐに飛んで行きます。

「先生は『4〜5㎝は伸びますよ』と言ってまず身長を測ります。『はい1m69㎝』『では、そこへ寝なさい』と言われて診察台に横になるんですね。すると先生が、『カーーカーーッ』と気を送るんです。しばらくして『もう大丈夫です、身長を測りましょう』と言われて測ってみる。『はい、1m74㎝、これでいいでしょう』。目盛りを見ると確かに伸びている。信じられない気持ちでしたが、嬉しくなって東京に帰りました。部屋に帰って測ってみると、1m69㎝。大枚をはたいたのに騙《だま》されました」

藁にもすがる思いだったのでしょう。その後、頭頂部にシリコンを注入して身長を上乗せしたのは周知の通りです。

「五月場所前の新弟子検査で何とか合格した後、シリコンを入れたまま1場所7番取りました。でも痛くて痛くて、相撲を取るとガンガン響いて……」

初土俵の平成2年五月場所は相撲どころではなかったようです。それでも6勝1敗の成績でした。その幕下60枚目付出から5場所連続で勝ち越して、平成3年三月場所で新十両。四股名を本名の長尾から「舞の海」に改めました。

平成3年3月10日、新十両の初日、大阪府立体育会館です。私は西方のリポーターでした。まもなく、十両土俵入りの時間です。ところが、舞の海が現れません。注目力士の、しかも初めての土俵入りですから支度部屋が少々の騒ぎとなっていました。東方力士の土俵入りが終わります。

呼出の柝《き》が鳴って、西方の十両力士が花道を入場します。もう万事休す、間に合いません。土俵入りが終わって間もなく、舞の海が付け人とともに走りながら支度部屋に到着しました。色白の顔は青ざめています。袴《はかま》も着物も脱ぎ捨ててすぐに締め込みをつけます。すでに、幕下上位5番の取組に入っています。十両2番目の取組ですから時間がありません。まわしを締めて支度部屋を出ると、すぐに花道入場でした。相撲は、同じく新十両の剣晃《けんこう》を左からのすくい投げで破り、何事もなかったかのように新十両の初日を白星で飾りました。

それからが大変です。報道陣への対応もそこそこに、支度部屋を出て理事室に向かいました。地方場所では、理事長をはじめ理事の親方衆も同じ部屋にいて、十両以降の取組になるとほとんどの理事がテレビで相撲を見守っています。舞の海が「失礼します、舞の海です」と言って理事室に入ると、10人ぐらいの理事がテーブルを囲み、胡坐《あぐら》をかいてテレビに向かっていたそうです。舞の海は正座して二子山理事長に向かい「土俵入りに遅刻しました。申し訳ありません」と頭を下げました。理事長からも、どの理事からも何の声も、何の反応もなく、テレビの音声だけが理事室に流れていました。舞の海さんは「生きた心地がしませんでした」と振り返っています。この新十両の場所は初日から6連勝、9勝6敗で終えました。

「左からの下手投げ」を中心に多彩な技で、10年近く大相撲ファンを楽しませました。平成8（1996）年七月場所2日目の小錦戦で、左の下手捻りを仕掛けた瞬間、小錦の274kgの巨体が舞の海の左膝に落ちてきました。

舞の海は「相手が小錦関でなければ、左脚を抜くことができたのですが、小錦関が落ちてくるのが速すぎて間に合いませんでした」と悔やみました。「左膝内側側副靭帯《そくふくじんたい》損傷（4カ月の安静加療が必要）」という重傷でした。これが引退への引き金となりました。復帰後、3年余り土俵に立ちましたが、幕内上位に戻ることはなく、平成11（1999）年十一月場所を最後に現役生活に幕を下ろしました。

引退を決断した舞の海さんに「このあとは？」と尋ねると、「青森に帰って仕事を探します」と答えました。おせっかいながら、私はNHK専属解説者への道を打診しました。

十一月場所の千秋楽翌日に帰京した足で、職場のスポーツ報道センター長を訪ねます。当時のセンター長は、ワインが大好きな酒豪でした。「センター長、今夜空いていますか？話があります」と切り出し、その夜センター長の行きつけの店に行きます。高級ワインで一杯やりながら、舞の海さんを解説者に推薦しました。

センター長「舞の海はしゃべれるのか？」

藤井「今、口数は多くないですが、頭の良い男なので慣れれば、技術的な解説などは行けると思います」

2本目のワインを注文し、センター長のグラスに頻繁に注ぎながら口説きました。酩酊に近づいた頃、「わかった。お前がそこまで言うならそうしよう。そのかわり、まずは1年契約だぞ」。翌日、チーフプロデューサーを通じて舞の海さんに連絡しました。あれから四半世紀です。

ABEMA大相撲LIVE

ＮＨＫによるテレビでの大相撲中継が昭和28（１９５３）年5月に始まると、４カ月ほど遅れて日本テレビが中継を開始しました。また、昭和34（１９５９）年には日本教育テレビ（現テレビ朝日）やフジテレビも生放送に踏み切り、一時は同時に4局による大相撲中継が行われました。その後、東京放送（ＴＢＳ）も加わりましたが、短い期間で民間放送各社は撤退し、昭和41（１９６６）年三月場所以降は、再びＮＨＫのみの中継放送となりました。

インターネットの普及により、ＮＨＫによる地上波での中継に加え「ｇｏｏ大相撲」「ひかりＴＶ」「ニコニコ動画」「Ｕｓｔｒｅａｍ」などでの生配信へと時代も移ります。平成30（２０１８）年一月場所には、Ａｂｅｍａが無料で、序ノ口から結びの一番まですべての取組の完全生中継を始めました。私自身もＮＨＫを退職後、令和４（２０２２）年三月場所からＡｂｅｍａに雇用され、１場所に数回、幕内の実況を担当しています。

その配信は「ＡＢＥＭＡ大相撲ＬＩＶＥ」というタイトルです。Ａｂｅｍａでの配信当初は、大相撲の歴史上初めて序ノ口からすべて実況をつけて中継していました。平成30年十一月場所から、実況アナウンサーと解説者のコメント付きでの中継は午後4時（千秋楽は午後3時半）以降となりました。解説者は、土曜日と日曜日が66代横綱若乃花の花田虎上《まさる》さんに固定されています。取口の解説は、穏やかな口調でわかりやすく、しかも技能派の横綱らしい視点で「なるほど」と思わせる説得力があり、視聴者の好評を得ています。

その他の解説者は、東京場所では現役の親方が毎日交代で務めます。地方場所では、すでに現役を引退し、日本相撲協会からは離れた元力士が担当します。旭道山（元小結）、若ノ城《わかのじょう》（元前頭）、大岩戸（元前頭）、臥牙丸《ががまる》（元小結）、松鳳山《しょうほうざん》（元小結）、千代大龍（元小結）、鏡桜《かがみおう》（元前頭）など多彩です。

まさかのハプニング、忘れられない実況

ＮＨＫとＡｂｅｍａを合わせて40年以上も大相撲の放送席に座っていると、信じられないような場面に遭遇します。これも生放送の面白さ。「筋書きのないドラマ」と言えばそれまでですが、まさかのハプニングは、土俵にも放送席にも突然やって来ます。私自身が実況中に起きた出来事の中で、忘れられない場面を振り返ります。

①土俵に観客が

競技者と観戦者との距離の近さ。様々な競技の中で、大相撲ほど両者の距離が近い競技はなかなか見当たりません。しかも、競技をする土俵とそれを観る客席との間には、何ら遮《さえぎ》るものがないのです。

ＮＨＫ大相撲中継のラジオの放送は、枡《ます》席の中に胡坐をかいて行っています。15日間、同じ枡席を購入し、そこにアナウンサーと解説者が座ってマイクに向かいます。解説者が極めて大きな親方の場合、アナウンサーのスペースは幅30㎝ぐらいしかありません。それはともかく、隣も前も後ろも一般の観客です。実際にこんなこともありました。

私が実況をしていました。「上手投げ！　魁皇の勝ち！」。その次の瞬間、一段下がった前の席の観客が振り向き、放送席のテーブルにビールが注がれたグラスをドンと置きました。「お疲れさん。一杯飲めよ」。その年配の男性は、気持ちよくお酒が回っている様子です。私は音声スイッチを切り「すみません。今、仕事中ですので……」とやんわり手を出してお断りします。

客「なんだよ、俺の酒が飲めねえのか？」

藤井「いえ、ありがとうございます。後でいただきますので……」

そんなやりとりの間、隣で解説者の出羽錦さんがニタニタ苦笑しながら「今の相撲はね、立ち合いから……」という具合に、放送をつないでくれるわけです。ようやく場を察した前の席に座る連れの女性が「あんた、やめなさいよ」と言って男性を抑え、その場は収まりました。放送終了後、前に座る男性は帰り支度をしながら再びこちらを振り向きます。またビールの差し入れかと構えると、「いやあ、きょうは最高だったね。（後ろから）出羽錦さんの解説を聴きながら観戦できて……。あんたの実況もまあまあ良かったよ」と赤い顔でにっこり。「まあまあ」は余計だろうと思った瞬間、横で奥様と思える女性が再び「あんた、やめなさいよ」と手を引っ張り、こちらに頭を下げてお帰りになりました。

さて、ここからが本題です。平成3年11月21日。十一月場所の12日目、福岡国際センターです。幕内の取組も中盤戦でした。西から前頭10枚目の琴ヶ梅、東から前頭4枚目の寺尾が土俵に上がっていました。仕切り直しとなり両者が塩を取りに行こうとした時です。正面の東寄り、青房下から一人の男性が土俵に上がってきました。明らかに観客です。手にはコンビニ袋のようなものをぶら下げています。即座に、土俵下の控えに腰を下ろしていた旭道山が身軽に土俵に上がり、この男性を抱えて土俵から下ろしました。

私は、この珍客の「土俵入り」をテレビの放送席で驚きながら見ていました。即座に何らかのコメントはしたはずです。どのようなコメントだったか、今となっては思い出すことができません。両力士の仕切りも取組も、とどまることなく進行し、寺尾が勝ちました。ちなみに、その場を機敏に収拾した旭道山も、自身の取組では三杉里を寄り切りに破り7勝目を上げます。翌日の新聞には「旭道山、1日で2勝」と記事が載り、「上手い見出しを付けたものだ」と感心しました。自分自身も旭道山が勝った瞬間に「寄り切り、旭道山の勝ち！　きょう2つ目の白星です！」と、この程度のコメントが即座にできれば良かったか、とも思いました。

新聞は、記事を書いている最中ならば、消すことも書き足すことも熟考することもできます。しかし、生放送は一度発したコメントは消すことができず、時間が経ってからコメントを付け足すこともできません。それも生放送の魅力であり醍醐味なのですが……。

それから16年、今度のハプニングの日も私はテレビの放送席にいました。平成19（2007）年9月19日。九月場所11日目、国技館での出来事です。朝青龍が「サッカー事件」で出場停止の処分を受けていた場所です。

幕内の前半の取組でした。土俵には、新入幕で前頭14枚目の豪栄道と前頭8枚目の豪風《たけかぜ》が上がっていました。豪栄道は埼玉栄高校時代に高校横綱に輝き、鳴り物入りで境川部屋に入門。平成17（2005）年一月場所で初土俵を踏み、序ノ口と三段目で優勝、幕下でも2回の優勝を果たし、期待通りの成長を見せていました。入門からわずか3年足らず、21歳で新入幕をつかんだ、その場所です。

10日目を終えて豪栄道は9勝1敗、優勝争いの中にいました。対戦相手の豪風も8勝2敗と好調でした。幕内前半の好取組、両力士の仕切りも制限時間いっぱいとなった時です。豪栄道が塩を取るため、西土俵の白房方向に向きを変えました。その瞬間、正面の黒房下から突然、緑のシャツにジーンズ姿の女性が土俵に近づきます。館内にざわめきが起こりました。女性は土俵に手を置き、体を右に倒しながら左足を土俵にかけます。西の土俵下に控えていた高見盛と錦戸（元関脇水戸泉）審判が異変を察し、高見盛が急いで近づき、女性を土俵から離しました。その女性は何枚かの紙を持ち、その紙が少し土俵に散らばりましたが、そこには意味のわからないメッセージが書かれていたそうです。仕切りの制限時間いっぱいとなったところでしたが、取組はそのまま進行しました。取組後、豪栄道は「（ハプニングがあった正面に）背中を向けていたので、（何が起きたのか）わからなかった」と話しています。

最前列の客席から土俵までは1mもありません。土俵から四方に延びる花道には、警備員はいますが、心無い観客に振り切られた場合、土俵に近づかれても仕方がない状況です。ある意味では、観客との不文律で「土俵には接近しない」ことが守られてきています。観客席の在り方が見直されるという話は今のところありません。しかし、このようなハプニングが続けば、他の競技同様にフェンスで土俵が囲われる日が来るかもしれません。

②大鵬さん、大いびき

いつの放送だったか、そこまでの記憶はありません。私自身が、まだ若い頃、おそらく

30代前半ではなかったかと思います。いずれにしても、テレビの幕内放送を担当し始めて間もない頃のことです。その日の解説者は「昭和の大横綱」大鵬（48代横綱）親方でした。

当日、大鵬親方は、幕内土俵入りの15分ほど前に放送席に到着されました。少しお話をすると親方は鼻声です。しばらくすると、薬の瓶を取り出し、大きな手のひらに瓶を細かくゆすりながら錠剤を出します。「風邪気味なんだよ」と言いながら、出てくる錠剤は2錠や3錠ではありません。少なくとも10錠ぐらいは盛られています。「水をくれる？」と言ってスタッフに要求しコップを受け取ると、一気に錠剤を飲もうとします。思わず「親方、そんなに飲んで大丈夫ですか？」と聞くと、親方は「体が大きいから、これぐらい飲まないと効かないいんだよ」と言って一気に口に入れ、ごくりと水で流し込みました。

幕内土俵入りが始まりました。東方、西方と終わり、横綱土俵入りです。中入の時間は、横綱や大関など、今場所の番付上位の力士や注目の力士の相撲を映像で振り返りながら、大鵬親方に取口の解説などをいただきます。「ここまでは、なんちゅうか、横綱らしい相撲ですよ」「この力士は、なんちゅうか、相撲に勢いがありますね」

「なんちゅうか」は、大鵬親方の口癖です。それはともかく、中入が終わり幕内の取組が始まって5～6番が経過した頃だったでしょうか。左隣から「いびき」が聞こえ始めました。もちろん大鵬親方です。焦りました。すぐさま、音声担当のスタッフは状況を察して、大鵬親方のマイクをオフにします。

今の私なら、全く動じず「親方、起きてください」と肩を揺すって起こすと思います。しかし当時は、30代前半で、大相撲中継の経験も浅い人間です。豪快ないびきをかきながら気持ちよく寝ている天下の大横綱を起こすなどという勇気は持ち合わせていません。「だから『そんなに飲んで大丈夫ですか?』って言ったじゃないですか」と、心の文句が出てきます。右隣のＦＤ（フロアディレクター）に目配せをしますが、これまた若すぎて、問題を解決することなど無理です。仕方なく、そこからは向正面の解説者とのやり取りしか打つ手がなくなりました。午後5時のニュースの後も大横綱は就寝中です。ついに、ＦＤを通じて、放送を聴いている先輩アナウンサーから「大鵬さんにもっと話を聞け」という怒りの指示が来ます。「そんなことを言われても寝ているのだから仕方がないし……」と思っていると、ＦＤが「大鵬親方は寝ている」と先輩に告げたのか、「起こせ！」とメモが入ります。もう、放送どころではなくなりました。

向正面の解説者も、あまりにも頻繁に話を向けられるため、異変を察しているのが伝わってきます。そうこうしている間に、土俵には三役力士が登場し5時20分です。

「いい相撲でしたねー」。土俵上の好勝負に国技館が沸いた瞬間、左隣から声が聞こえました。何事もなかったかのような大鵬親方の声でした。ただ、その大鵬親方の声は音声担当者が急にオンにするわけにいかず、テレビには流れませんでした。

私が40年間、実況をしてきた中で、放送中に解説の親方がトイレに立つことは時々あります。しかし、隣で大いびきをかきながら30分以上もお休みになったのは、後にも先にも大鵬親方だけです。放送後、お帰りになる時に「少し寝てたかな？」と、まだ鼻声でした。

③北の富士さんと「さがり」

北の富士勝昭さんとは私が定年退職をするまで、四半世紀にわたり放送をご一緒しました。テレビとラジオを合わせて年に10回は優に超えていますから、通算すると300回以上になるかもしれません。北の富士さんの巧みな話術はテレビでも十分に発揮されますが、ラジオのほうがさらに自在です。

ご本人も「テレビよりラジオのほうが聴いている人も少ないからね。少々のことなら、何を言っても大丈夫って気持ちでしゃべれるから、自由でいいよね」と正直に話します。「こう見えても、テレビではとくに気を使っているんですよ」とも言います。このエピソードも、いつの放送だったか、正確には記憶していません。今から十数年前でしょうか。ラジオの放送でした。

「激しい突っ張り合いになった。○○の突っ張り、××も突き返す。いい相撲です。××がまわしを探る。取れない。あっと、さがりが飛んだ。向正面に○○のさがりが飛びました。まだしかし、突っ張り合い。ここで××が右上手を引いた。捕まえた。正面に寄った。寄り切り、××の勝ち！　50秒、熱戦でした。激しい相撲でした」

熱戦を伝えたあと、「それにしても、途中○○のさがりが飛びました。向正面の溜まり席、3列目あたり。そのさがりを手にしたお客様が、隣に渡し、その前の観客にと、バトンリレーのようにして、ようやく白房下の呼出のところに返ってきました」と、飛んだ「さがり」が戻って来る動きまで描写します。

「さがり」とは、力士のまわしの前に垂れ下がっている暖簾《のれん》のようなものです。まわしの間に挟み込んでいますから抜け落ちることはあります。しかし、土俵下まで飛ぶのは珍しいシーンですから、ここは伝えどころと思って詳細に描写しました。

すると、隣に座る北の富士さんが「残念だねー」と一言つぶやきます。「えっ⁉ 何かまずいコメントでもしたのか？」と思い「どういうことでしょうか？」と聞けば、「いやね、藤井さん」と北の富士さんの話が始まります。

「藤井さんも長い間、相撲を観てきているからわかると思うけど、さがりが飛ぶなんてことはめったにないでしょ？　しかも、溜《た》まり席の3列目ですよ。受け取ったのはかなり大相撲をご覧になっているお客さんだと思いますよ。だって、なかなか座れる席じゃない。そこにさがりが飛んでくる。毎日あの同じ席で観戦したとしても、自分のところにさがりが飛んでくるなんてないですよ。宝くじが当たるよりも難しい。だったらね、さがりを普通に返すんじゃないんですよ。ここはすぐに財布を開いて1万円札を取り出すんですね。そして縦に折ってさがりにきゅっと縛り付ける。それから隣の人にリレーする。そうすると隣の人も『ああ、そういうしきたりがあるんだ』と思ってまた財布を出しますよ。そうなれば、さがりが白房下の本人のところに戻る頃には、少なくとも10万円ぐらいのご祝儀にはなるでしょう？　それが粋《いき》というものですよ」

　土俵上は、まだ幕内前半の取組です。もう、土俵に誰が登場していても、それに触れるよりも北の富士さんの話を膨らませるほうが、ラジオを聴いている人が興味を持ってくれる、そう判断しました。制限時間いっぱいになれば、取組の実況をする、そのあとはすぐに北の富士さんの話の続きに持っていく、その繰り返しでした。

藤井「ご祝儀と言えば、北の富士さんの現役の頃には、花道を下がる力士の背中に周りの観客が、お札を貼ってくれていましたね」

北の富士「藤井さんも相撲が好きだね、よく覚えているねえ。あの時代は良かった。とくに巡業のほうがご祝儀を弾んでもらえましたよ。俺なんかね、現役の終わりごろは巡業に行っても、もう準備運動なんかしないから、支度部屋に入ったら花札だったね。『おいちょかぶ』や『こいこい』。で、出番が来ると『横綱、時間です』と言って付け人が知らせに来てくれる。そうしたら花道の奥に出る。そこで付け人が霧吹きを持っていて、体中に吹きかけてくれる。それから、花道を颯爽と入るんですよ」

藤井「ちょっと待ってくださいね。土俵上は時間いっぱいです」

そう言って取組を一番、実況します。取組が終わると、また話を戻します。

藤井「さて、体に霧を吹いてもらって颯爽と入場ですね」

北の富士「そう、その地での巡業の最後ですよ。結びの一番に向けて花道を入場する。体中に汗が光っているわけですよ。『お、北の富士、気合十分だね』そんな声も耳に入る。巡業だから、土俵に上がると仕切りは短いですよ。2回か3回か。すぐに時間いっぱい。相撲も簡単に終わってしまう。それでも大きな拍手をもらいますよ。そして、花道を下がる時です。お客さんが群がるようにして、俺の背中から腕から腹から、まあ当時だから、千円札、百円札、いや、一万円札もあったね。俺が入門してすぐ、世の中に一万円札が登場したから、聖徳太子も体に貼り付けてもらった」

藤井「目に浮かびますね。北の富士さん、その続きはのちほど……。土俵上、制限時間が来ました」

話を遮りたくはないのですが、取組を実況します。

藤井「寄り切り！〇〇の勝ち！……さて、北の富士さん、横綱北の富士、大変な人気でしたから、お札も貼りきれなかったのではないですか？」

北の富士「そうそう、そうなったらね、腹を凹ませるんですよ。腹に隙間を作ってまわしとの間に差してもらう。いい時代だったねえ」

ここで当時の放送を文字にしても、北の富士さんの語りの面白さは再現できません。情景が目に浮かんでくる言葉遣いの妙、巧みな間《ま》、話の展開、もうこれは落語を超える芸術です。しかも、あらかじめ計算している話ではないわけです。少々「盛っている」ところもあるかもしれませんが、その場のひらめきで半世紀以上前の物語がよみがえってきます。そして広がります。若い頃から、様々な世界の人たちと交流してこられました。様々な経験もされました。それが、北の富士さんの人生を彩っているのだと思います。突然、放送の中に突っ込んでくる「話のハプニング」。まさに「天才」です。

第5章

大相撲中継、アナウンサーの技

大相撲放送の深みと重み

大相撲は言うまでもなく、人並みはずれた肉体と技量、さらに精神的な強さも併せ持つ力士が主役です。道具を持たずに戦い、無駄や複雑さを省いた、良い意味での単純な競技です。他の競技に比べても、勝敗はわかりやすく複雑なルールもほとんどありません。したがって、勝ち負けだけを正確に伝えているだけでも大相撲の放送は成り立ちます。しかし、アナウンサーの役割は、その水準を超えたところにあります。

大相撲の放送にいかに深みを持たせるか、どうすれば重みのある放送になるのか、私たちは常に考えていかなければなりません。動きのある競技ですから軽快さも必要です。といっても、他のボールゲームやレースなどのスポーツの軽快さとは異なります。とくに大相撲独特の「仕切り」の最中のコメントや解説者との会話は、軽快さよりもむしろ内容と重厚さが求められます。

大相撲のアナウンサーとしては、ゆったりとわかりやすくコメントし、解説者ならではの見解を引き出すことが、重厚な放送のための基本です。ここで重要なのがアナウンサーの声の質や語りの技術です。サッカーやバスケットボール、アイスホッケーなどの放送と比べてみれば、その理由がわかります。これらのスポーツはプレーが休みなく続きます。

ハーフタイムなどを除けば動きが止まる時間はほとんどありません。つまり「動」が9割、「静」が1割と言ってもよいでしょう。

ところが大相撲は、幕内の場合4分間の仕切りがあり、取組自体はそれに比べてはるかに短めです。1分経っても決着がつかなければ、長い相撲といえます。ということは、「静」が9割以上、「動」が1割以下です。それだけに、「仕切り」の時間をどう組み立て、どんなコメントをし、そのときの口調や声のトーンをどうするのか、動いている取組の最中よりもむしろ重要になるのです。

話の組み立てやコメントについては熟考し十分に練ります。そして、その場その場で解説者に話を向け、その話に反応していかなければなりません。問題は口調や声です。生まれ持った声の高さや発声を変えることは容易ではありません。しかし、視聴する皆さんからの放送の評価には印象点もあります。「静」が9割以上の競技だけに「聴きやすさ」も大相撲アナウンサーとしての大事な要素です。アナウンサーそれぞれの個性を生かしながら、発声や発音を磨き、説得力のあるコメントを発するためにも、工夫と努力を続けていくしかないのです。

大相撲アナウンサー　感性と感覚

私たちが目指す放送は、決して画一的なものではありません。それぞれのアナウンサーの個性が発揮されることも重要です。そして、担当アナウンサー自身がいかに楽しめているかが、少なからず放送にも影響を及ぼします。そうは言っても、リラックスして放送席に座るには、経験や自信に加えて良い意味での開き直りも必要になってきます。大相撲アナウンサーも様々です。子供の頃からテレビで観る大相撲が大好きだったという人もいます。私はその一人です。また、アナウンサーになり大相撲を担当することになってから興味を持ち始めた人もいます。また、野球にしてもサッカーにしても相撲にしても、自身が体験した感覚があれば興味の持ち方も違ってきます。私の時代、子供の頃は運動場に丸を描いてその中で相撲を取りました。校庭に常設の土俵がある学校もありました。今でも、青森県のような相撲どころでは見かけられます。かつては野球もサッカーも楽しみました。今は、都会に行けば行くほど、キャッチボールをしたりボールを蹴ったりする場所が制限されてきています。たとえば、子供の頃に友達と相撲を取った経験があれば、相手のバランスの崩し方や、右四つ左四つの違いなど、何年たっても体に感覚として残っています。もちろんプロの感覚ではありませんが、それでも子供の頃の感覚は役に立ちます。しかし、未体験であっても見る目を磨けば補えます。スポーツの面白さは、その瞬間の出来事に対する感動や驚き、先を読む楽しみ、勝負や記録への興味などなど、探せばどこまでも膨らみます。

大相撲の面白さはどこにあるのでしょうか。

・他の競技よりもはるかに単純でわかりやすいルールの中で行われる
・尋常ではない力や技を持つ力士たちが戦う
・番付による格の違いや、15日間という限定された期間で勝つことや出世することを目的とする

もちろん、人によって感じ方に違いはありますが、大相撲の魅力はこうした点ではないかと、私自身は考えます。

その「力と技」に私たちアナウンサーがプロ意識をもって注目するだけでも、大相撲の面白さを伝えることができると思ってここまで来ました。そして、取組の前に、放送席で展望や予測をすることも楽しみを増加させるための要素です。例を挙げてみましょう。

朝乃山と宝富士、けんか四つです。朝乃山は右四つが得意、宝富士は左四つです。右四つになると宝富士が勝てる可能性は少し低くなります。たとえば右四つがっぷり（互いに両まわしを引き合う体勢）になったとき、アナウンサーとして何を考えどこを見るでしょう

か。がっぷりの中でも体勢はどちらが有利なのか。腰の構えやまわしのどの位置をつかんでいるかにも注意をはらいます。どちらかがまわしを切りにいくのか。宝富士が左から巻き替えを狙うのか。相手に取られたまわしを切るためには肘や腰を使います。出し投げを打って切る場合もあります。巻き替えにこられた瞬間に寄って出るのは定石ですが、巻き替えられる瞬間に出し投げを打つこともあります。

朝乃山の右下手の取り方にも注目です。まわしの後ろ、結び目に近い部分は折りたたんだ幅が狭くなっていてしっかりつかめます。「指が通っている」と表現します。親指も使って握っていればなかなか切られません。得意ではない右四つで宝富士の左下手の位置はどうなのか。攻めることができるのか、まずは我慢の守りなのか。ひとつの勝負の最中でも、注目点や動きの予測は頭の中を次々と駆けめぐります。

豪ノ山《ごうのやま》と大栄翔《だいえいしょう》、両力士とも押し相撲です。つっぱりも強烈です。これまでの対戦からしても、どう考えてもつっぱり合いになりそうです。その前の立ち合いの当たりはどうか。頭で当たった瞬間に相手を少しでも起こせるか。つまり、当たり勝ち、当たり負けはどうか。つっぱりの肘は伸びているのか、下半身の備えと、脚を前に運ぶ動きはどうか。相手につっぱりが伝わっているのかどうか。つっぱり合い、押し合いの相撲でも見るべきところはいくつもあります。

高安と若元春は左の合い四つです。互いに左がのぞき右上手は取れない体勢も予測できます。当然、互いに右からおっつけて上手を狙いますが、下手が肩まで入って深いとそう簡単にはおっつけられません。若元春が普通の下手なら、髙安にはその下手まわしを切って右からおっつける巧《うま》さがあります。おっつけながら取る上手がなぜ有効なのか、これは相手の左を使えなくするためです。最近あまり見られませんが、かつての横綱輪島のように右から手首を持って絞り上げておいて左からの下手投げで崩す攻めも考えられます。四つ相撲の動きの中にも様々な予測が成り立ちます。

相撲は相手の体のバランスを崩す競技でもあるわけです。まわしの引きつけの強さ、膝を使った攻め、下手投げから逆に切り返しへの連続技、無双を切って反対のまわしから捻る合わせ技、見るべきところは数え切れません。

コメントをつけるアナウンサーが相撲を見る目を持っていれば、テレビ観戦する人たちの目も肥えてきます。自身で面白さを感じ、興味を膨らませ、自分が相撲を取っている感覚で見て伝えることができれば、大相撲がますます楽しくなります。当然、中味のない味気ない相撲に対しては批判の目を向けることもできます。

放送席に座ったときに楽しみながらアナウンスができるようになるために、さまざまな角度から大相撲を勉強しなければなりません。偉そうなことを言っている私も、大相撲は大好きでしたが、最初の頃は放送を楽しむなどということはできるはずもありませんでした。やはり、経験や知識や自信が、放送席での余裕を生み出してくれます。そのためにも、一番でも多くの取組を目の当たりにして、見る目を養うことが何よりも重要です。

近年、放送も新聞も、力士の談話が中心になってきました。もちろん、力士がどんなことを考えているのか、本音を知りたい気持ちはあります。取り終えた力士が、その相撲についてどう振り返っているのか、それも知りたい情報です。しかしその前に、まず相撲の内容です。どんな攻防だったのか、勝敗を分けたのはどこなのか、それがあって談話が活きてきます。だからこそ、数多くの相撲を観ることが相撲を知ることにつながると確信しています。

テレビ中継でのコメント

私自身、子供の頃から大相撲に興味を持ち、テレビやラジオで大相撲中継を楽しんでいました。その経験は大相撲放送を担当するにあたり、間違いなく活かされているはずです。それほどの興味を持ち合わせていない場合でも、真剣に取り組めば知識は身につきます。実況するアナウンサーとしては、まずは大相撲を好きであること、そして探求したり工夫したり歴史を学んだりする努力を惜しまないことが、放送を観たり聴いたりする人たちに共感を与える第一歩だと考えています。

現在、私自身が関わっているAbemaでの大相撲中継を紹介します。国技館や地方場所のアリーナなど、館内の土俵が見える場所にAbema専用の放送席はありません。中継放送はスタジオの中で、モニター画面を見ながらアナウンサーと解説者がコメントを付けています。したがって画面だけが重要なコメント材料です。視聴する皆さんと同じ画面で大相撲を観ながら、観戦の手助けとなる情報を発信する作業をするわけです。

テレビ画面の中にはたくさんの情報があります。たとえば琴櫻が土俵上で塩をまく様子が画面に映るとします。その映像にコメントをつける場合、いくつものその場にふさわしい言葉はあるはずです。琴櫻の表情に注目したコメントもよいでしょう。初日からここまでの琴櫻の相撲を振り返ることもできます。本人に取材したコメントを伝えることも可能です。巡業で気になった腰の状態についての情報を入れることもできると思います。琴櫻の後方の花道から豊昇龍が入場する姿が見えれば、「琴櫻と優勝を争う豊昇龍が入場します」と触れて、そのまま画面は豊昇龍に移り、コメントも両者の優勝争いに触れることができます。私たちは、その場その場で、最もふさわしい適切なコメントを瞬時に選ぶ必要があります。その場面は、ある程度、事前に予測することはできます。コメントを準備することもできるかもしれません。

ここからは私自身の考えですが、事前の準備は重要であっても、ひとたび放送席に座れば、できるかぎり視線はモニター画面の中の動きに集中させるべきだと思っています。前日の夜にデータを調べたりシミュレーションしたりして放送資料なるものを手元に置くことは必要です。しかし、最も大事な情報は、視聴する皆さんと同じ画面の中にあるということです。

スポーツ中継は制作する大勢のスタッフのチームワークで成り立っています。情報を得る手段は、ほとんどの場合、ディレクターは画面の中から、カメラマンは現場から、アナウンサーは画面の中と現場の両方からです。しかし「ＡＢＥＭＡ大相撲ＬＩＶＥ」では現場を生で見ることができません。したがって、アナウンサーも画面に頼るしかありません。少々不自由な中での大相撲中継ですが、情報は画面にしかないと考えれば、その中にコメント材料を求めることに集中はできます。

画面に映っていればコメントの必要がないものと、画面に映っていてもコメントの必要があるものとがあります。それを判断する感覚を磨くことも私たちの仕事です。これは、力士が相撲を取っている最中も同じです。画面の中の力士の動きは視聴する皆さんにも実況アナウンサーにも見えています。ただ、その中のどの動きに注目してもらえばよいのか、ここでのコメントが実況アナウンサーとしての勝負どころです。

もう一つ重要なことは、実況コメントの中に「予測」や「読み」も織り込めるかどうかということです。阿炎のつっぱりに「つっぱった、つっぱった」とコメントするのを否定するつもりはありません。しかし視点を少し変えて「きょうは脚も出ている」「腕がよく伸びている」「肘の痛みはなさそうだ」というコメントもできます。つっぱりが効いていないようなら「霧島、下がらない」「このあてがう巧さも霧島の持ち味」、もっと読めれば「阿炎が、どこかで引いてくるか」「ここ2日間は引きと叩《はた》き」でもかなりふさわしいコメントになるはずです。霧島がまわしを引いて出る場面でも「寄った、寄った」「出た、出た」でも悪いとは言いません。臨場感を出すために必要だという意見もあります。それも否定はしませんが、「相手に上手を与えない」「きょうは投げにいきません」とか、「腰の位置が違います」「引きつけの強さ」といった具合に、アナウンサーとしてのプロの判断をコメントすることも重要だと思っています。

テレビの創世記からつい最近まで、NHKの大相撲中継を担当してきた私の先輩アナウンサーたちは一貫して、「出た」「寄った」「押した」「つっぱる」「右四つ」「双差し」といった現象面をコメントしてきました。ここは私見ですが、現象面をコメントするのは「描写」であり、本物の「実況」ではないと思うのです。「実況」とは、「描写」だけではなく現象の中にある意味も伝えることだと考えています。

「若元春、左四つ」という描写に加えて、「得意の左四つ、若元春、右の上手も引いた。これで万全の体勢」とコメントすれば、観る人に若元春が断然有利だと伝わります。テレビは「誰にもわかる見える部分」を省略して他のコメントをする時間があります。

実況アナウンサーとしてどう見えているのかを適切なコメントにする技術を磨きたいと思ってここまで来ました。生放送に携わるアナウンサーは、その瞬間その瞬間にいかにふさわしいコメントができるか、ここが勝負と醍醐味です。そのためには、大相撲の知識をさらに深め、感覚を研ぎ澄ませることに努めるしかありません。

解説者との会話

言葉は悪いのですが、大相撲中継では、まず解説者をどう「使う」のかを考えなければなりません。何をコメントしてもらうかは、解説者によって変わってきます。

たとえば「ＡＢＥＭＡ大相撲ＬＩＶＥ」でおなじみ、三代目若乃花の花田虎上さんが解説ならば「技能」にテーマを絞って話を展開しようという発想はたいていのアナウンサーならば思いつきます。

もう少し踏み込んで、力士としては体に恵まれていたといえない中で、どのように工夫し、技を磨いたのか。曙、武蔵丸といった大きな力士たちとどう対峙しようとしてきたのか。素直な疑問を軸に「小よく大を制す」で大相撲ファンを魅了した、若乃花の魅力を解明していくのも一つの方策です。そのためには普段から解説の親方にさまざまな話を聞いておかなければなりません。放送で使えそうな話は自分のひきだしに整理しておきます。力士や親方からネタを仕入れておくのも日常の大切な仕事です。

親方によっては、自分のことは照れもあってあまり乗ってこない人もいます。解説者一人ひとりの性格や話し方や話題の広げ方を知ったうえで、そこから先は「話の引き出し方」です。インタビューです。前もって質問項目を考えることを否定するつもりはありません。ただ、事前に決めた話の順で解説者に質問していくのは、インタビューとは言えず台本通りの質疑応答です。インタビューは相手の言葉や話の内容によって次の展開が変わってきます。日ごろから会話を膨らませる努力をすることを怠らないことも、私たちの大事な仕事です。そして、常に新しい発想で解説者に向かうことが重要だと考えています。

解説者の生かし方は、100人アナウンサーがいれば、当然100人とも異なります。若い頃は、先輩アナウンサーの放送の組み立て方を見て聞いて学ぶことも身になったと思います。少し経験してくれば、他のアナウンサーが思いつかないことを試してみようと思い始めました。たとえば、解説者が横綱経験者だとします。その日は敢えて、今、目の前で行われている相撲の分析は極力求めず、他の競技にはない「横綱論」だけで話を展開してみることにしました。解説者は大鵬さんでした。テーマに最もふさわしい大横綱から、いつも以上に深い話も出てきました。

中には「そんな話よりも目の前の取組についての解説が欲しい」という意見もあったかと思います。しかし、これまでにない新しいことに挑戦し工夫することも放送の面白さではないかと考えます。約4分に一番ずつ取組が行われます。土俵上の力士や動きに直接結びつかない話題を膨らませることは簡単なことではありません。しかし、思い切って目の前の取組にはよほどのことがない限り話を向けず、横綱審議委員会の成り立ちを「ウンチク」として織り込み、他のスポーツ選手から見た「横綱観」まで入れれば話はかなり深まるはずです。テーマを絞って、徹底する面白さを常に探ってみることも工夫の一つではないかと思ってきました。

また、無謀と冒険は全く異なります。誰もしない、したことのない放送をどう作っていくのか、これこそ事前の準備としてシミュレーションをしてみるべきです。スポーツ放送がシミュレーション通りにいかないことはよくあります。そこから先は個々の技量です。放送をまとめる技量は経験がある程度カバーしてくれます。しかし、そこに至るチャレンジは経験よりも発想と勇気です。何もしないところには何も生まれません。細かい「右四つ」「左四つ」ももちろん大事ですが、大きな組み立ての設計図作りを考えていきたいと常に考えています。

スポーツ放送の長い歴史の中で解説者の立場は不動のものです。大半のスポーツ中継には解説者が存在します。ということは、解説者をどう活かすのかが放送の浮沈を握ります。解説者に何を質問したいのか、どんな話をしてもらいたいのか、何を求めているのか、アナウンサーの考えていることが理解できないケースは多々あります。もっと言えば、解説者に何を聞けばよいのか判断できていないケースがたくさんあります。大相撲はほとんどが仕切りの時間ですから、解説者との会話が放送の半分以上を占めることになります。ということは、会話ができなければ放送は成り立ちません。

私たちは、気のおけない仲間や家族との会話など、普段のコミュニケーションの中では会話が成り立っているはずです。会話が難しいと感じることもほとんどありません。ただ、放送となるとそのようにはいきません。当然です。内容を求められない会話は容易です。内容が必要であり、しかもそれを放送に乗せることができる会話にすることは簡単ではありません。ということは、日常会話の中から考えていかなければならないわけです。

私たちアナウンサーは放送の中ではプロですから、ときには日常から厳しく見直すことも必要です。まずは、日常の会話の中から語彙《ごい》が少なくなっていないか考えます。普段は難しい言葉を使わなくても会話は成り立ちますが、放送の中での会話はわずかな語彙だけでは成り立ちません。放送内容の深みもなくなります。さらに語彙不足は、会話だけではなくアナウンサー単独でのコメントの中にも表れてきます。他のアナウンサーが使わないような、それでいて今の状況に、よりふさわしい言葉を常に選びながら発すること、これを日常から意識することも仕事なのです。言葉のプロが語彙を狭めていけば日本語はさらに衰退していきます。適切な言葉を選ぶことができれば解説者への質問もスムーズになるはずです。

とはいえ、何を質問すればよいのか、今の状況の中で解説者に何をコメントしてもらいたいのか、これは大相撲をさらに勉強し、研究し、知識を身につけていかなければ容易ではありません。文献などを参考に大相撲の歴史を研究することは努力で何とかなります。相撲の動きや勝敗の分かれ目を判断するには、やはり相撲を数多く見ることです。

さらに、自分が技をかけたりかけられたりした状態や、その時の体のバランスを想像できるかどうかです。最も基本的な話をします。たとえば「内掛け」という技があります。右脚で相手の左脚を掛けたときの状態を想像してみてください。どう掛けてどのような動きをすれば相手が倒れるのか、実験ができればわかりやすいのですが、それができなければば頭の中でバランスを想像することです。相手の膝の後ろに脚を掛けるよりも、かかとのあたりに掛けたほうが相手のバランスを崩しやすいのは想像できるはずです。

逆に、相手に内掛けをされた場合、膝の裏側よりもかかとを跳ね上げられるように刈られたら立っていられなくなることは頭で理解できると思います。「内掛け」という技一つをとっても、脚を掛ける前の動きやタイミングや、掛ける位置や掛けた後の体のもたれこませ方や、いくつもの動きが重なって成り立ちます。もっとも、「内掛け」という技自体が、このところほとんど見られなくなりましたが……。

先人を超える工夫

大相撲の放送はラジオの時代からテレビの創世記へ、そしてハイビジョン放送の時代へと変貌を遂げてきました。さらにインターネットテレビがこれからの世の中を支配する時代が来ようとしています。どんな放送でも、まずは先人たちのやり方を観たり聴いたりするところから始まります。踏襲すべきところは踏襲し、改良や工夫を加えられるところは自ら発想を変えていく、それが他にない新しいものを生み出すための勇気の出しどころです。そのヒントを私なりの経験から探ってみます。

　私自身、スポーツの放送を始めたころは、何よりも先輩たちの放送を参考にしました。放送全体の組み立て方もそうですが、解説者やゲストとのやりとり、その競技の専門用語の使い方、大相撲ならばその日の好取組への導き方や大一番の際立たせ方など、大まかな部分から細かいところまで、さまざまな個性を持つ先輩たちの放送に耳を傾けました。経験の浅い頃は（とくにラジオの場合）野球にしても相撲にしても、その動きを描写する流れを何度も繰り返し頭に叩き込みました。

「ピッチャー第5球を投げました。1塁ランナー、スタート。投球はボール。キャッチャー、2塁へ送球。ショートバウンドになった。タッチは……セーフ。盗塁成功」

　このように、一度パターンを確立させれば場面に即して応用はできます。ある程度どんな場面でも描写の対応ができるようになると、今度は先輩たちが使ってきた表現をさらに改良させることを考えました。とはいえ、長い間使われた表現は、歴史の中で淘汰されずに残り厳選されたものです。より優れた表現を見出すことは簡単なことではありません。

たとえば大相撲の優勝争いを演じる力士が勝った瞬間に「豊昇龍、1敗を守りました」という表現をよく耳にします。非常にわかりやすい表現です。諸先輩たちも、この表現を使ってきました。

ところが、よく考えてみると「守る」という単語がふさわしいのかどうかです。「1敗でここまで来ていた状態（状況）を守りました」という長いフレーズを簡単に表現しているのだと思いますが、はたしてそれは「守る」ことなのでしょうか。あまりにも言葉としては消極的に感じます。大相撲は負けの数を表したほうがわかりやすいため、優勝争いの画面表示も「全勝」以外は「1敗、2敗、3敗」と黒星を数えます。しかし本来は、負けなかったことよりも勝ってまた優勝に近づいたと言いたいところです。私自身は、何年も前から、「全勝を守りました」「1敗を守りました」という表現は極力使わないようにしています。「豊昇龍、またひとつ白星を積み重ねました。12勝1敗。優勝に向けて前進しました」とか「豊昇龍、12勝目。ただ一人1敗のまま14日目に向かいます。」とか……。「守りました」という短くてわかりやすいコメントが一番かもしれませんが、別の言い回しを考えることも必要ではないかと思うのです。

先人たちが使った表現をそのまま考えることなく使ったり、意味もなく同じようなプレゼンテーションをしたりすることは極力避けることを目標にしてきました。そうすることで、間違いなく、表現や提示方法の幅が広がるはずです。長年かけて実況放送の中で使われる言葉は洗練されています。

しかし、そのすべてが完璧であるとは思えません。中継放送でよく使う言葉や表現をもう一度、洗い直すことを常に考えたいものです。その先に、個性的な表現や、まさに的を射る言い回しが見つかってくると思います。そのためにも、まずは自分自身がよく使う言葉や表現、フレーズを、放送の中で意識して見つけようとしています。それがいくつか発見できたら、できる限り他の言い回しや表現がないか探します。これを続けていけば、事前に用意した言葉ではなくても、その場で、今までになかった新しくふさわしい表現が徐々にできるようになってきます。言葉や表現に敏感でありたいものです。それが私たちアナウンサーの感性の一つですから。

実況の極意　必須のアイテム

大相撲の実況アナウンサーは、放送のためにどんな準備をし、放送席にはどんな資料を用意するのか、そんな質問をよくいただきます。もちろん、それぞれのアナウンサーによって、放送への臨み方は異なります。NHKに在職していた当時の、私自身の「やり方」を少し紹介してみます。

まず、大相撲中継のアナウンサーにもディレクターにも「デスク」と呼ばれる役職があります。簡単に言えば「グループの取りまとめ役」です。デスクはアナウンサーの番付でいえば、三役クラスです。通常40代中盤から後半の年齢になると数年間「デスク」を任されます。15日間それぞれの中継放送の担当アナウンサーを決めるのもデスクの役割です。

ＮＨＫの大相撲中継に関わるアナウンサーを一日で見ると、テレビはＢＳ実況、ＢＳリポーター、十両実況、十両向正面リポーター、幕内実況、東リポーター、西リポーターと通常7人です。ラジオは幕内だけの放送ですから、実況と向正面リポーター、さらにラジオディレクター（若手アナウンサーが担当）の3人です。そして、幕内のテレビ・ラジオ全放送をモニターし、間違いがないか、追加する情報はないかなどをチェックする、当日のデスク役が1人、合わせて11人です。

たとえば、ＢＳリポーターからラジオディレクターへ、あるいは十両向正面リポーターから当日デスクへと、1日2業務の場合もあります。いずれにしても1日の中継放送に、アナウンサーだけでも10人前後が関わっています。

アナウンサーのデスクは、場所が終わると次の場所に向けて、まず要員の確保をします。東京をはじめ、大阪、名古屋、福岡などの放送局から15日間、大相撲中継に関わることができるアナウンサーを6～7人、他の放送局からも15日間、前半と後半に分けて、それぞれ4～5人ずつピックアップします。デスクは、各放送局に個々のアナウンサーを派遣できるかどうか打診して、1日10人が確保できれば、まず第1段階の終了です。次に、15日間の日々の業務の担当者を順に決めていきます。私のデスク時代は、幕内テレビ実況、ラジオ、十両テレビ実況という具合に、業務ごとに15日間を順に埋めていきました。これが意外に大変な作業なのです。

解説者は、ディレクターのデスクが担当を決めます。NHK専属解説者、さらに日本相撲協会の親方と、個々に解説が可能な日を打診しながら、これもまたテレビ・ラジオの15日間を埋めます。アナウンサーと解説者、それぞれの担当が決まったところで、これを合体させます。アナウンサーと解説者の組み合わせを考えながら担当を決めることは通常ありません。

決定した担当が周知されるのは、初日の2週前、番付発表の頃です。それぞれのアナウンサーは、その時点から本格的に自分自身の担当日の放送をどう組み立てるのか構想していきます。たとえば、2日目の幕内テレビの担当になったとします。すると、まだ場所が始まったばかりですから、「場所前の稽古の様子を、何人かの力士について映像で紹介しよう」とか、「今場所は3人の新入幕力士が誕生したので、新入幕に関する記録を紐解《ひもと》いてみよう」とか、あるいは「解説が○○親方なので、○○親方の△△場所を映像で振り返ろう」とか、様々な発想が生まれます。そこから、当日までに担当ディレクターと相談しながら材料を集めます。

前日に取組が決まります。すると、その中の注目となる取組については、過去の両力士の対戦を、自分自身のデータの中から探してメモをしておきます。これが、「1年前の対戦での動きを記憶しているのですか？」という視聴者からの質問への答えです。幕内の約20番の取組すべてについて、「これまでの対戦はどうだったのか」を調べるのは、時間がかかりすぎます。そこで主な注目の取組についてのみ、ノートを開いて確認するのです。「ノート」と書きましたが、これは「手捌《てさば》き帳」と呼んでいるものです。それぞれのアナウンサーが独自の方法で、ノートに毎日の取組での両力士の動きや決まり手を書き留めておきます。私はズボラですから、幕下以下や十両の取組は、特別の好取組や熱戦など、特筆すべきものがある場合にしか書き留めることをしていません。私以外のほとんどの熱心なアナウンサーは、幕下あたりから結びまですべてを記帳しています。たいていの日は自身が何らかの放送を担当しているため、その場でノートに書いておくことはできません。当日の夜または翌朝、自宅や出張で滞在しているホテルで取組を思い出しながら、あるいはビデオなどで確認しながら記していきます。

もうひとつ、こちらは放送席に持ち込む「必須のアイテム」があります。「力士カード」「個人カード」などと呼んでいます。四股名をはじめ、力士の出身地や所属部屋など、プロフィールや略歴を書いています。そして、1場所ごとの15日間の白星・黒星と対戦相手、決まり手、さらにその場所で記録しておきたい情報も書き加えます。アナウンサーによって、カードの大きさや仕様は異なります。各自が使いやすいように考えて作成します。私のカードは1000枚を超えました。大きさは葉書サイズで、1枚のカードに表と裏で24場所、4年分の個人成績が埋まっていきます。これを放送席に置いて実況を担当します。コンパクトな葉書サイズにしたのは、放送席のテーブルが狭いからです。テーブルにモニターテレビが埋め込まれていたり、放送機材が置かれていたりするため、手元に放送資料を置くスペースがほとんどないのです。葉書サイズに米粒以下の文字を書いています。若い頃は大丈夫でしたが、今や老眼のため裸眼では読めません。「心の目」で読むしかありません（笑）。

このほか、ディレクターと打ち合わせをして作成した、全スタッフ共有の「当日の放送シート」や、各アナウンサー独自のメモなどを放送席に置いて使っています。「珍しい決まり手」などの記録は、全アナウンサー共有の資料として放送席に常備しています。珍しい決まり手が発表された時には、隣にいるフロアディレクターがその資料を差し出してくれます。「この『合掌捻り《がっしょうひね》』という決まり手は、○○年△△場所の……以来」という具合に、アナウンスすることができます。

いずれにしても、何も持たずに放送席に座ることはできません。厚みのある、深みのあ

大相撲中継に欠かせないアナウンサー独自の必須アイテム「力士カード」　藤井アナ40年間の蓄積がここにある。（写真 著者提供）

る放送のためには、個々の準備やチームワークが不可欠です。ただ「情報は現場に落ちている」という言葉もあります。手元にある資料やデータ、メモに頼ってばかりの放送は本物の実況ではありません。台本や原稿がないからこそ面白いのです。

歴史としきたりの伝承者

今や、外国出身力士なくしては大相撲を語れなくなりました。大相撲は勝敗だけではないところに伝統文化のにおいがあります。しかし今の大相撲界は、外国出身力士だけではなく日本出身力士も「競技としての大相撲」、つまり勝ち負けだけを意識した日常を過ごしているのが現状ではないでしょうか。

もちろん勝ち負けが番付を作り、力士人生を動かします。生活もかかっていますから、勝ち負けが第一であることは当然です。しかし、日常の日本相撲協会員としての振る舞いや行動は、勝ち負けを超えたところにあるべきです。と言いながらも、やはり私たちの大相撲放送も勝ち負け優先で、大相撲ならではのしきたりや伝統に目やコメントが向きにくいのが現実です。一般の大相撲ファンの大半が第一に注目するのは勝ち負けですから、基本的なスタンスとしてはまず勝負をどう伝えるかです。そのうえで、大相撲が他の競技と異なる部分を、どう放送に反映させるかを考えなければなりません。

そうは言っても、放送の直前に「大相撲の伝統と歴史」を急に勉強しようと思っても身につきません。そこで私自身はこれまで、時間のあるときに大相撲に関する文献や書物に親しむ習慣を持ってきました。興味があることですから、苦にならずに自然と頭に入ってきたはずです。もちろん、必要なことと重要なことは書き留めておきます。

40年以上、大相撲の放送を担当していても、まだまだ知識になっていないことがたくさんあります。さらに、大相撲は歴史の長さや研究者の多さから、「それが歴史上間違いなく正しい」とは言い切れないことも多々あります。さらに、文献や書物によって異なる解釈のものも少なくありません。横綱土俵入りの「雲竜型」「不知火型」一つをとっても、今と逆の型を唱える研究者もいます。つまり、最近の横綱でいえば、白鵬や照ノ富士が「雲竜型」で鶴竜や稀勢の里は「不知火型」とする研究もあります。それだけに大相撲に関しては、「……といわれている」「……という説が有力」「……と伝えられている」「……と推測される」「……が一般的な見方である」などなど、断定しきれない表現が多く出てきます。放送する私たちも大相撲に関するすべてを知り得ているわけではありません。ミニ知識から、もっと深い大相撲の歴史や伝統についてまで、私たち伝える側が、少しずつでも身につけていくことが大事だと思っています。

時代によって大相撲の仕組みや競技日数などは変遷を遂げてきました。ですから、大相撲での記録は「昭和以降」とか、「戦後」とか、「年6場所制以降」などの制限をつけて伝えるものがほとんどです。それでも、大相撲ファンからすれば、歴史についての知識を深めることや記録を語ることもしてみたいと思うことがあるのではないでしょうか。大相撲を発展させてきた背景や、その時代その時代の大相撲界の姿を学ぶことも、私たちアナウンサーは日常の仕事として大切にしています。大相撲のしきたりや歴史、伝統を学ぶことで、放送の質も深まり、勝ち負けだけではない切り口でコメントすることができると信じています。そしてここでも、他の人が発想しないアイデアを常に求めてるのです。

私たちには、今の大相撲を世に伝える役割とともに、歴史のある大相撲の伝統を継承していく務めもあります。放送する立場として知っておかなければならないことも少なくありません。間違った情報を流すことによって、視聴する皆さんに誤解を与えたり、誤った認識を与えてしまったりする可能性が出てきます。

また、放送の中に大相撲ならではの面白い「しきたり」や「歴史」を散りばめ、視聴者の皆さんの興味を増す助けになることもあります。大相撲界の中にいる人たちも、すべてを理解し把握しているわけではありません。それでも、大相撲に関わる全ての人たちとともに、私たちアナウンサーも歴史としきたりの伝承者として後世につなげたいものです。

第6章

知れば興味は膨らむ大相撲！歴史としきたり

壮絶すぎる大相撲の始まり

現在の大相撲につながる起源はどの時代にあるのでしょうか。史書や遺跡などから、ある程度は推測することができます。日本最古の歴史書と言われる古事記には、二人の男の力比べが記述されています。出雲の浜辺で、建御雷神《たけみかづちのかみ》と建御名方神《たけみなかたかみ》が闘い、建御雷神が勝って領土を手にしたとされています。

また日本書紀にも男同士の素手での対決が記されています。第11代垂仁《すいにん》天皇の時代、大和国（現在の奈良県）に当麻蹶速《たいまのけはや》というとてつもなく強い男がいました。垂仁天皇の命で、出雲国（現在の島根県東部）から、これまた強豪の野見宿禰《のみのすくね》という猛者が呼び寄せられます。そして、この二人が垂仁天皇の前で対決しました。垂仁天皇7年7月7日のことです。今のような丸い土俵の中での対戦ではありません。相手を倒したり相手を土俵の外に出したりしたら勝ちなどという規則があるわけでもありません。そんな中、抱えて投げたり足で蹴ったりの壮絶な戦いだったようですが、野見宿禰が当麻蹶速のアバラ骨を折り、息の根を止めて勝ったと伝えられています。

この対決が大相撲の起源ではないかと考えられています。野見宿禰は「相撲の神様」と崇《あが》められ、国技館に近い東京都墨田区亀沢の野見宿禰神社に祀られています。明治17（1

884）年、高砂浦五郎（初代）をはじめとする相撲関係者の尽力により創建された神社です。その後、大正12（1923）年の関東大震災や昭和20（1945）年の東京大空襲によって焼失しましたが、昭和28（1953）年に再建されました。

また、古墳時代の土偶や埴輪《はにわ》からも、相撲を連想させるものが発見されています。大正時代、岡山県で発掘された土器の中に、男同士が組み合っているようなものがありました。昭和に入って和歌山県で発掘された埴輪は、褌《ふんどし》を締めて素足で立ち、腰を少し落として構え、腕は前に伸ばしている形状のものでした。いかにも今の相撲につながる姿です。こうした史書や遺跡などから推測すれば、1500年ほど前には大相撲の原型はあったとするのが一般的な見方です。

まわしは高価なユニホーム

力士のユニホームは「まわし」です。日本をはじめ、とくに東南アジアで古代から下着として使われてきた「褌」を、そのまま格闘技などで使ったのが始まりのようです。競技用の褌も、時代とともにそれぞれの国や地域で形を変えてきました。日本では、平安時代の宮中行事として「相撲節会《すまいのせちえ》」が行われていました。鎌倉時代に入ると武家によって相撲の催しが盛んになります。この頃のまわしは、褌の上に白色の麻を巻いたものがほとんどで、ときには茜色《あかね》に染めた麻を腰に巻いて結んだものもありました。それを互いにつかみ合って戦っていました。

江戸時代に入ってからの勧進《かんじん》相撲では、麻の他に緞子《どんす》を使用するようになります。緞子は、光沢があり厚地で柔軟性のある繻子《しゅす》を使って織られます。極めて高級な織物です。勧進相撲ではそのまわしの先端をエプロンのように垂らしながら相撲を取りました。

元禄から享保年間（1600年代終盤〜1700年代前半）には、当時の華美な時代背景もあり、まわしもさらに煌《きら》びやかになります。色絹に動物や花鳥などの絵柄を染めたり、金糸銀糸の刺繍が施されたりもしました。これが現在の化粧まわしの始まりです。ただ、当時はこうした絢爛《けんらん》な化粧まわしで、そのまま相撲を取っていたようです。そんな姿が絵画として残されています。まわしは当時も今も高級品です。

この頃の職業相撲は大坂相撲や京都相撲が中心でした。その後、宝暦から安永年間（1751〜1781年）になると、幕府のお膝元として江戸相撲が全国の中心として繁栄してきました。この頃のまわしは、前に垂らしたエプロンのような先端が厚みを増してさらに豪華さを増します。そうなると、前に垂れ下がった部分が手に絡まり、まわしがつかみにくくなります。相撲を取るには邪魔になってしまいます。指を痛める危険もあったことから、土俵入りだけに使う「化粧まわし」が考案されました。

つまり、土俵入り用の「化粧まわし」と、取組用の「取りまわし」が別物となったわけです。土俵入り用の化粧まわしも、当初は膝上五寸（約15㎝）ぐらいのミニスカートのような時代もありました。しかし、土俵入り専用となったこともあり、丈は徐々に長くなります。天明年間（1781～1789年）の谷風や小野川の頃になると、今と同じ足首の上あたりまでの長さになりました。

天明に続く寛政年間（1789～1801年）には、幕府による「奢侈《しゃし》禁止令」が発せられます。これにより、相撲を取る時だけに着ける「取りまわし」は、見た目には地味になります。とはいえ、生地はビロードやラシャなど舶来の高価な材料を使っていました。しばらくすると、厚手で幅も広い綴子のまわしに変わります。明治に入ると、かつて化粧まわしと兼用だった時代の前垂れに代わるものとして、「さがり」が使われるようになり、今に至っています。力士が締めたまわしの前に垂れ下がっている暖簾《のれん》のようなものが「さがり」です。

現在の大相撲で使うまわしは「締め込み」「稽古まわし」「化粧まわし」の3種類があります。十両以上の力士が土俵に上がる時に着けるのは「締め込み」といいます。材質は絹です。とても高価なものでその織り方は前述した「繻子織《しゅすおり》」です。光沢があり柔軟性にも長けています。長さは、締める力士の体の大きさにもよりますが、いずれも10m前後です。小錦は12m余りあったと聞きます。縦に4つ折りにして、体に巻き付けるように4～5周させて締めていきます。日本相撲協会の「相撲規則」の中の《力士規定》第5条には「十枚目以上の力士は、紺、紫系統の繻子の締込を使用し、同色の絹の下《さ》がりを使用すること」とされています。しかし、カラーテレビが普及し始めた昭和40年代の後半からカラフルな締め込みを使用する力士が増えました。まわしの色に関しての規定は、この頃からおよそ半世紀の間、守られていません。というよりも、半世紀前に規定を見直すべきだったのかもしれません。「紺、紫系統の」の部分を削除すればよいだけなのですから……。

まわしの前に垂れ下がっている「さがり」についても触れておきます。締め込みの間に挟んで垂らす飾りですが、土俵上で前を隠すという意味もあります。この「さがり」は、締め込みと同じ絹織物（締め込みの余った部分）の縦糸だけを束ね、「ふのり」で棒状に固めて作られます。その先端は平らにつぶし、ケガをしないように丸く切りそろえて乾燥させます。ピーンと張っているのは「ふのり」で固めているからです。針金などの金属が入っているわけではありません。下がりの本数も縁起を担いでいます。2で割れる偶数は、土俵を「割る」につながることから、奇数本にします。暇があれば数えてみてください。おもに体の幅によって本数は異なります。小錦は21本でした。

ただ、力士の中では小柄だった3代目若乃花（66代横綱　花田虎上《まさる》さん）は意外にも17本という多さでした。花田さん本人に確認すると「全く知りませんでした」との答えです。力士自身はさほど気にしているわけではないのかもしれません。

土俵は四角だった?

力士のユニホームが「まわし」ならば、力士のフィールドは「土俵」です。厳密にいえば「土の入った俵」が「土俵」です。その土俵で丸く囲んだ競技場が相撲を取る場所です。ところが、この「土俵」という言葉は都合良く使われています。本来の意味であるひとつひとつの俵のことも、丸く囲んだ場所のことも、台形の盛り土をした場所のことも、すべて「土俵」という単語で表しています。そしてもっと広げて、大関・横綱が相次いで敗れたときに「きょうの土俵は大波乱、大荒れです」といった具合に、相撲や取組自体のことも「土俵」と表現することがあります。

土俵が相撲の競技場となったのはいつごろからなのでしょうか。これもまた、さまざまな説があります。最も信用できそうな根拠は絵画です。江戸時代中期までは、大勢の人垣の中で相撲を取っている絵画しかありません。おそらく、相手を倒すか、人垣の中に押し込むかすれば「勝利」としていたのではないかと推測されます。ところが、人垣の中に倒されたことで喧嘩も頻繁に起こったといいます。時には、これが高じて刃傷《にんじょう》沙汰になることもあったことから、慶安元（1648）年には、奉行所から「相撲禁止令」が公布されました。禁止されてしまうと、相撲好きの人たちにとってみれば、人生の楽しみがひとつ消えてしまいます。そこで喧嘩にならないように、相撲の勝敗を分ける境界線を作ることを決めました。

1600年代の後半には、四角く立てた4本の柱に紐を渡し、これを勝敗の境としたようです。今のボクシングのリングのような境界です。その後まもなく、地面に俵を置いて勝負の境界としました。ここで俵が登場します。しかし、この段階ではまだ四角い土俵でした。その後、徐々に丸い土俵が考案されるようになります。そして享保年間（1716〜1736年）には、俵が動かないように、俵の半分ぐらいを地中に埋める形にしました。現在は地中に6割を埋め、地上に4割を出しています。

現在の土俵（ここからは勝敗を争う場所のことを『土俵』といいます）は、直径が15尺（4・545454……m）ですが、これは俵の内側の直径であり、勝負の境は俵の外側ですから、俵の幅（約10㎝）を加えると厳密にいえば土俵の直径は、4・75mぐらいとなります。もっといえば、徳俵の部分の直径はさらに2俵分、20㎝ほど加わり5m近くになるわけです。

相撲は江戸時代から二重土俵で行われ、勝敗を決める内側の土俵の直径は13尺（3・9 3 9 3 9……m）でした。昭和6（1931）年4月の天覧相撲を機に、今のように一重《ひとえ》の土俵になりました。この時、二重土俵の時の外側の俵だけを残し、直径は15尺に改められました。後述する「神明造の吊り屋根」もこの時からです。直径13尺の時代は内側の「勝負俵」が16俵で、外側が20俵でしたが、内側にあった16俵を外して外側の20俵を残した形となったわけです。今の「蛇の目」（丸い俵のすぐ外の部分）の砂は、力士の足が出たかどうかを判断するために、取組の前には呼出が箒《ほうき》で整えます。かつての二重土俵の名残と言えます。

ただし、歴史上これまでに1場所だけ、直径が16尺（4・8 4 8 4 8……m）の土俵で大相撲が行われた記録があります。戦後最初の本場所でした。GHQによる武道への制約の中、大日本相撲協会（現在の日本相撲協会）が、大相撲に娯楽色を強める目的で土俵を広げることを計画しました。このとき双葉山は「元々相撲は何もないところで取っ組み合ってきたが、土俵という領域を与えられたことで我々は（それに合わせて）技術を洗練させてきた。土俵の拡大は歴史の逆行である」と語り、土俵を広げることには反対しました。

それでも、終戦直後の昭和20（1945）年十一月場所、被災破損した国技館で戦後初の

「晴天10日間本場所興行」が行われたときに、土俵の直径が16尺に拡大されました。結局、双葉山は直径16尺の土俵に上がることなく引退しました。ニュース映画に残る引退会見でも「15尺の土俵上で精進を重ねてまいったのでありまして……」と語っています。双葉山は戦争中に体調を崩し、なかなか全盛時の体に戻れなかったのが引退の理由ですが、土俵が広くなったことも双葉山引退の理由の一つになったとされています。

さらに、あまり知られてはいませんが、翌昭和21（1946）年六月の大阪準場所（6場所制が定着する以前に行われた、巡業のような位置付けの場所）では、直径15尺5寸（4・6996……m）の土俵が試されました。しかし、これまた力士からは不評でした。結局、直径16尺の土俵も15尺5寸の土俵も、それぞれ1場所だけで終わり、直径15尺の土俵に戻されました。私見ですが、現在の力士の大型化を考えれば、今ならば16尺でも17尺でも構わないような気がします。そうすると、双葉山のように「これまで15尺の土俵で感覚を養い鍛錬してきた。簡単に広げられても困る」という意見が出るかもしれません。もちろん、力士の体の大きさや相撲の取り口によって、有利不利が出てくると考えられますから、安易に改定することはできないと思いますが……。

さて、本場所や巡業で使われる土俵は、開催ごとに新しく造られます。地方場所の場合は約40トンもの土を使い、何もないところから造り上げます。国技館の場合は、前回の国技館開催場所で使った土俵を一旦床下に保管しておきます。開催が近づくと、その表面の全体を20㎝近く削り、新しい土をかぶせます。それでも8トンの土が追加で必要です。土俵は、本場所でもたった1日だけの巡業でも、すべてが手造りです。呼出45人が総出で3日間かけて造り上げます。この作業を「土俵築《どひょうつき》」といいます。

土俵の語源となった「俵」は全部で66俵（土俵に上がるための『踏み俵』も含む）使われ、取組を行うための丸く埋められた「勝負俵《しょうぶだわら》」は20俵です。土俵が完成し、本場所の初日前日には午前10時から土俵祭りが行われます。日本相撲協会理事長をはじめ審判部の親方、役力士、行司、呼出など関係者が集まります。立行司が祭主となって祝詞《のりと》を奏上し15日間の安全を祈願します。このとき、土俵の中心部（仕切り線の間）には「鎮《しず》め物《もの》」といって、塩、昆布、洗米、するめ、勝栗、かやの実が埋められます。この土俵祭りは20分ほどで終わりますが、通常は一般にも公開されています。

「土俵入り」と「横綱土俵入り」

さて、大相撲には「土俵入り」という儀式があります。十両力士の土俵入り、幕内力士の土俵入りと分かれています。それぞれ、十両や幕内の取組が始まる前に行われます。十両土俵入りは幕下の取組を5番残したところで行われます。幕下の取組を残すのは、土俵入りで締めた化粧まわしから取組用の締め込みに着け替える時間を確保するためです。令和6年現在、初日と千秋楽を除き、十両土俵入りは午後2時15分頃です。幕内土俵入りは、午後3時40分頃に行われ、そのあと「横綱土俵入り」、そして中入《なかいり》（休憩時間）です。十両も幕内も、その力士の番付の東西ではなく、その日の取組が東方の力士は東から、取組が西方の力士は西から、それぞれ花道を入場し土俵入りを行います。

　大相撲の開催日が奇数日は東方から、偶数日は西方から、それぞれ土俵入りを行います。各力士は化粧まわしを着け、呼出の柝《き》の音《ね》に合わせ、行司の先導で番付の下から順に並んで花道を入ります。ここで、場内アナウンスが入ります。

「ただいまより、東方十両力士の土俵入りであります。先導は木村千鷲《ちしゅう》（行司）……続いて嘉陽、沖縄県出身、中村部屋……碧山《あおいやま》、ブルガリア出身、春日野部屋……」という具合にひとりひとり紹介を受けて土俵に上がります。そして、俵に沿って反時計回りに歩を進めます。円を描き、俵の外の蛇の目のあたりで客席に向いて順に止まります。

「最後は千代翔馬、モンゴル出身、九重部屋」のアナウンスで殿《しんがり》の力士が土俵に上がると、全力士が内側に向き直ります。そこから、全員が呼吸を合わせて、柏手を打ち、右手を軽く挙げ、化粧まわしをつまみ、最後に両手を挙げて土俵入りが終わります。

本来、塵手水《ちりちょうず》を切り四股を踏むべきところですが、人数が多すぎてその場所がないため、そうした動作を簡略化させたものが土俵入りでの所作です。最後に両手を軽く挙げるのは「武器は持っていない」という意味の動作です。そして、東西の赤房下、白房下にいる呼出の柝《き》の音《ね》が交錯する中で、もう一方の方屋である西方の土俵入りへと移ります。

天皇陛下をお迎えしての大相撲では、土俵入りの形が変わります。「御前掛《ごぜんがかり》」の土俵入りといいます。行司の先導で花道を入場しますが、一度全員が花道に整列した状態で天皇陛下に一礼をします。そのあと、力士を紹介するいつもの場内アナウンスはないまま、およそ20人の力士たちが粛々《しゅくしゅく》と土俵に上がります。円は描かず、天皇陛下がお座りになる貴賓席に向かい、横に5人、前後に4列の隊形を作ります。全員が土俵に上がったところで、柏手を打ち、右2回左1回の四股を踏み、全員が蹲踞《そんきょ》します。ここで場内アナウンスが始まり、行司、そして下位の力士から順に立ち上がり紹介されます。紹介された力士は貴賓席に一礼して土俵を降り順に花道を下がります。殿《しんがり》の力士の紹介まで3〜4分かかります。

昭和天皇は午後4時頃に国技館にお着きになり、土俵入りからご覧になるのが通例でした。貴賓席には天皇陛下専用の取組表が用意され、そこに勝敗の印を付けながら大相撲を楽しまれていたと、当時の春日野理事長(44代横綱栃錦)に聞きました。陛下への説明役として、貴賓席には日本相撲協会の理事長が後ろに控えます。春日野理事長は22回の説明役を務め、過去最多です。平成に入って以降は上皇陛下のご到着が午後5時頃となり、土俵入りの時間帯にはお見えにならないため、もう長い間「御前掛」の土俵入りを見ることがありません。

天皇陛下の前で14回相撲を取り、一度も負けなかった力士がいます。大関霧島（現陸奥親方）です。当時、勝ったあとの支度部屋で記者に囲まれ「陛下が毎日来てくだされば……」と相好《そうごう》を崩していました。

さて、幕内の「土俵入り」のあとは「横綱土俵入り」があります。一般に「土俵入り」といえば幕内と十両の土俵入りを指し、「横綱土俵入り」とは区別されます。一旦、呼出によって土俵が掃き清められます。そして立呼出の柝の音が響くと、これに合わせて「ただいまより、横綱照ノ富士、土俵入りであります」という場内アナウンスが入ります。柝を鳴らす立呼出、立行司が先導し、横綱が花道を入場します。この時「露払い」「太刀持ち」の二人の力士を従えます。花道から入場するときには、「露払い」は横綱の前を歩きながら道を開く役目で手には何も持ちませんが、「太刀持ち」は右手に太刀を構え横綱の後ろを歩きます。

太刀の持ち方にもしきたりがあります。右手で太刀を持ち、曲げた肘を肩と手首と同じ高さにします。このしきたりが伝えられていないのか、普通に太刀を持っただけで、正式な型ができていない太刀持ちがいるのは残念です。この「太刀持ち」「露払い」は、原則として横綱と同じ部屋、または同じ一門の幕内力士が務めます。同じ部屋の力士は本場所での対戦はありませんが、同じ一門の力士は対戦がありますから、横綱、太刀持ち、露払い同士で、当日対戦がある場合は、別の力士が太刀持ち、露払いを務めます。

化粧回しも三人で一組の「三《み》つ揃《ぞろ》え」です。先に立行司が土俵に上がり、向正面寄りの土俵に入ります。土俵下に横綱と太刀持ち、露払いが並んだところで「横綱照ノ富士、露払い翠富士《みどりふじ》、太刀持ち熱海富士、行司は木村庄之助であります」という場内アナウンスに促されて三人が土俵に上がります。横綱が中心で、横綱の右手に太刀持ち、左手に露払いが、それぞれ控えます。二字口に上がり蹲踞した横綱が、両腕を上から回しながら柏手を2回打ち、その両腕を広げ手のひらを上から下に返します。そのあと立行司は立ち上がり少し下がります。横綱が土俵中央に入り正面に向き直ります。

この時、立行司が「しーっ」という声を出します。「警蹕《けいひつ》」といって「皆さんお静かに」という意味です。そこから横綱の柏手、四股と続きます。横綱土俵入りでの最大の見せ場を「せり上がり」といいます。土俵中央で正面を向いて四股を踏んだあと、両足の指で土俵を噛《か》むようにしながら、腰を十分に割った姿勢から徐々に上体を起こしていく場面です。この「せり上がり」に大きな拍手が起こります。

横綱土俵入りの型も「雲竜型」「不知火型」の2種類があります。横綱照ノ富士は「不知火型」でした。横綱になれば、「雲竜型」「不知火型」いずれかの土俵入りを、自ら選ぶことができます。多くの場合は、師匠と相談した上で型を決めます。

余談ですが、過去にはなぜか「不知火型」を選んだ横綱は、短い期間で土俵を去ってしまうというジンクスがありました。戦後でいえば、玉の海は現役中に病気で急逝しました。その後、琴櫻、隆の里、旭富士、3代目若乃花と、すべて昇進から3年以内に引退していきます。双羽黒にいたっては一度も優勝を果たせないまま土俵を去りました。

そこで、横綱白鵬が「不知火型」を選んだ当初は心配する声もありましたが、白鵬は45回の幕内最高優勝という不滅の記録を打ち立てて引退しました。ちなみに、白鵬が現れる前の不知火型の横綱としての最多優勝記録は、明治から大正にかけての22代横綱太刀山峯右エ門の9回という数字でした。白鵬が「不知火型＝短命」というジンクスを完全に払拭したわけです。照ノ富士も令和6年七月場所で10回目の優勝を記録しましたから、「不知火型」の横綱としては太刀山を抜いて史上2位の優勝回数となりました。

所作にあふれる専門用語

大相撲には歴史が育んだ様式美が数多く伝えられているのはご存じの通りです。力士の髷《まげ》や、吊り屋根、化粧まわしを締めての土俵入り、横綱土俵入り、さらに行司の装束などは、その様式美の典型的なものです。そして、大相撲の歴史を刻んできた大相撲ならではの用語は、長い間使われ、そしてこれから先も語り継がれていきます。

呼出に呼び上げられ土俵に上がった両力士は、互いに一礼をした後、赤房・白房に分かれ、土俵の外に向かって四股を踏みます。そのあと「力水」を受けます。勝った力士が次の土俵上の力士に柄杓《ひしゃく》で水を与える動作です。この「力水」で口をゆすいで取組に臨みます。大相撲の歴史は、五穀豊穣を願う神事からきています。制限時間いっぱいまでの動作には、ひとつひとつに意味があります。「四股」は、相撲の準備運動、基本運動の一つですが、土を踏み固めて土俵の邪気を鎮めるという意味を持った儀式でもあります。塩をまくのもご存知のように「清め」の意味があります。そのあと両力士は「二字口《にじぐち》」でチリを切ります。「二字口」というのは、徳俵（丸い土俵が東西南北、俵一つ分、外にはみ出した部分）のことです。のちにも触れますが、かつて「二重土俵」の時代に「徳俵」を上から見ると漢数字の「二」と読めたところからその名が付きました。

その「二字口」でパチンと柏手を打って両腕を左右に広げる動作のことを「チリを切る」といいます。「チリ」というのは正式には「塵浄水《ちりちょうず》」といいます。かつて、草原の露（つゆ）

で手を清めたあとに相撲を取ったところから、蹲踞の姿勢で、まず両手を足の外側の地面に伸ばして草をつかむような動きが入ります。手を露で濡らし、胸の前で揉み手をするようにして清め、それから柏手を打って両腕を広げ、手のひらを上から下に返す、これが、「二字口でチリを切る」という動作です。ラジオの放送を聴いているとアナウンサーの「両力士が二字口でチリを切りました」という描写が入ります。

塵浄水を切ったあと、両力士は仕切りに入ります。塩をまき仕切りを重ね、両力士の呼吸があったところから取組が始まります。取組が終わり、勝負がついた後には、両力士が再び東西の「二字口」に別れて一礼をします。そして、勝った力士は行司から「勝ち名乗り」を受けます。取組に懸賞が付いていれば、行司が軍配に乗せて差し出す懸賞を受け取る前に「手刀」を切ります。「勝ち名乗り」や「手刀」も大相撲ならではの言葉です。

なくてはならない「塩」と「力水」

原則として、十両以上の取組では仕切りを繰り返すたびに塩をまきます。「原則として」と注釈をつけたのは、幕下の取組でも塩をまく場合があるからです。取組の進行が早く、十両の土俵入り前に時間が余りそうなとき、勝負審判（赤房下の時計係）の判断と指示で、幕下力士の対戦でも塩をまかせることがあります。時間調整のためです。大相撲は、大割《おおわり》と呼ばれる取組表に、取組開始、十両土俵入り、幕内土俵入りなどの時刻を表記していきます。その時刻よりも早く進行することはありません。観客が取組表に書かれた時刻を目標に席に着くこともあるからです。

土俵は神聖な場所とされます。塩をまくことには、取組の前に邪気を払い清めるという意味があります。ちなみに、商品名を出せないNHKの放送では触れることはありませんが、大相撲では「伯方《はかた》の塩」が使われています。愛媛県松山市に本社がある伯方塩業株式会社によれば、1日に約35kg、1場所で約520kgの塩が使われているそうです。竹でできた東西の塩籠に盛られている量はそれぞれ5kgです。値段は1kg450円ぐらいです。「赤房下で力水をつけます」という表現なども大相撲ならではの言い回しです。「力水」は十両以上の取組に限ります。勝った力士が、次に相撲を取る土俵上の力士に柄杓で水を与える動作です。身を清めて神聖な土俵に立つという儀式です。

土俵上で力水を受ける力士は、蹲踞ではなく、右膝は立てて力水を受けるのが正式な形ですが、これを知る力士はほとんどいません。今は、ほぼ全ての力士が蹲踞の姿勢で力水を受けています。しきたりが間違って伝わってしまいました。近年、正しく力水を受ける姿勢を取っていたのは豊真将《ほうましょう》（現錣山《しころやま》親方）ぐらいでしょうか。この「力水」は飲むものではありません。口をゆすぎ清め「力紙《ちからがみ》」で口元を拭い、いざ決戦に臨みます。力水は勝った力士しかつけることができません。これも験《げん》を担いだ習わしです。

負けた力士は力水をつけることができず、土俵に礼をしてすぐに花道を下がります。負けた力士の方屋は、次の取組のために控えに腰かけていた力士が、やおら立ち上がって水桶の前に進み力水を付けます。

さて、勝った力士しか力水をつけられないとなれば、結びの一番を迎えて、同じ方屋の力士がその前に続けて負けている場合どうなるのでしょうか。結びの取組ですから次の控え力士もいません。力水をつける力士がいなくなります。その場合は、花道の奥から付け人が入場して力水をつけます。付け人は浴衣を身につけたまま片肌を脱いで入場します。まわしを締めての入場を簡略化した形です。

塩は「伯方の塩」が使われていると紹介しましたが、力水はどこのメーカーなのでしょうか。現在は水道水ではありません。福岡県直方市に本社がある米菓製造会社「株式会社もち吉」が無料で提供しています。「もち吉」の創業者である森田長吉さんは無類の好角家でした。昭和の時代から「何とか地元直方で巡業を開催してもらえないか」と日本相撲協会に要望し続けていました。その願いが通じ、平成３（１９９１）年に直方での巡業が実現しました。そのお礼に、平成４（１９９２）年三月場所から自社の水を提供しています。

「もち吉」によれば、福岡県福智山系《ふくちさんけい》の地下水から製造されたミネラルウオーターで、鎌倉時代の終わりごろに降った雨が700年の歳月をかけて厚い岩盤層を通過し、じっくりとろ過された水だそうです。1場所、約400リットルが大相撲の力水として使われています。さらに、各相撲部屋にも定期的にペットボトルに入った大量の「もち吉」の「力水」を贈っています。また九州場所では、会場となる福岡国際センターの前で、観客一人一人に「力水」を手渡しています。

力士にだけにはマゲを残そう

力士の象徴は、何といっても「髷《まげ》」です。力士を引退して断髪式を行った親方が「頭が軽くなった」「毎日、洗髪できるのがうれしい」「髷がなくなってモテなくなった」などと言います。どうやら、頭に髷が乗り、びんつけ油（すき油）の香りがすることも「モテる」要素の一つのようです。

十両以上の関取と呼ばれる地位になれば取組の前には「大銀杏《おおいちょう》」を結って土俵に上がります。髷の「はけ先」がイチョウの葉の形に似ているところから「大銀杏」と呼ばれてきました。床山と呼ばれる髷専門の、今でいう「美容師」が、日本相撲協会に所属していて、その定員は50人です。ただし、力士数が12人以上の部屋に床山がいない場合、定員を超えて採用することもできます。大相撲以外でも歌舞伎や日本舞踊など、古来の芸能には結髪《けっぱつ》師《し》とも呼ばれる床山が重要な役割を果たしています。

大相撲の床山にも見習い期間があります。その後、勤続年数や技量によって五等床山から徐々に出世し、頂点は特等床山になります。床山になったからといってすぐに大銀杏が結えるわけではありません。まずは若い力士の髷を結うことから始まり、経験を積みながら番付が上位の力士の立派な大銀杏が結えるようになるのです。

髷を結う時に使うびんつけ油は、木蝋《もくろう》、菜種油、ひまし油などを原料に、香料を付けています。世の中には、このびんつけ油の香りがたまらないという人も多く、そこから大相撲を好きになったという人もいます。私が福岡放送局勤務時代、ある店の主人がびんつけ油の香りを大いに気に入り、何度か頼まれて国技館の売店で購入したことがあります。その主人は、日常的に自身の整髪料として使っていました。力士の大銀杏を崩れにくくするため、かなりの粘り気があり硬く仕上がるような油です。

明治4（1871）年8月9日に「断髪脱刀令」が出されました。それまでの、髷が当たり前だった髪型を自由にし、華族や士族が公式の場で差していた刀も必要がないとしました。この時、断髪令は相撲界にも適用されそうになります。しかし、当時の明治政府に好角家が多くいて「力士にだけは髷を残そう」という意見があり、今に至っていると言われています。現在、職業上の理由で髷を結って生活し、仕事をするという習わしが続いているのは力士だけかもしれません。

様式美、吊り屋根と房

本場所で使われる土俵の上には「吊り屋根」があります。伊勢神宮に見られる「神明造」で切妻型《きりづまがた》の屋根です。かつては法隆寺金堂のような「入母屋造」でしたが、昭和6（1931）年4月の天覧相撲を機に「神明造」に改められました。同時に、それまで土俵の上の屋根を支えていた「四本柱《しほんばしら》」が取り除かれました。天皇陛下が少しでも大相撲をご覧になりやすいようにという配慮から柱が除去されたと伝えられています。そして、柱の代わりに4つの房が屋根の4隅から吊られることになりました。同時に、前述の土俵の直径も13尺から15尺に改定されました。

現在の両国の国技館で使われる吊り屋根は常設で6トンもあります。使用しないときには天井に収まるように吊り上げられています。地方場所では軽量で組み立て式の吊り屋根が使われています。大阪、名古屋、福岡の各都市の倉庫に、観客用の座敷を組む大量のパイプなどとともに保管されています。ちなみに、国技館が完成した時に発表された吊り屋根の製作費は８０００万円でした。

昭和27（１９５２）年9月に撤廃された四本柱の代わりに、吊り屋根からは北（黒房）、東（青房）、南（赤房）、西（白房）の４つの房が下げられました。房の１本の長さは２・１m、太さは周囲が66㎝、重さは17・８㎏です。吊り屋根の下に日本相撲協会の紋章が入った水引幕があります。あまり注目されることがありませんが、吊り屋根に下がる４つの房よりも、水引幕を縛り上げている「揚巻《あげまき》」の房がいわばホンモノです。揚巻は四季と四神を表す色の房で縛っています。正面は北で黒房（冬・玄武神）、東は青（緑）房（春・青龍神）、向正面は南で赤（朱）房（夏・朱雀神）、西は白房（秋・白虎神）です。この揚巻の房の色を柱に移し、現在は四本柱の代わりに吊り下げられています。

仕切りと立ち合い、阿吽の呼吸

大相撲には、他には例を見ない独特の競技開始方法があります。競技スタートのピストルが鳴るわけでもなく、ホイッスルが吹かれるわけでもありません。ブザーもゴングも鳴りません。柔道のような「始め」の声もないのです。大相撲には取組が始まるまでの「仕切り」という序章があります。仕切りを繰り返しながら、両力士が呼吸を合わせて相撲を取り始めることを「立ち合い」と呼びます。つまり、力士同士の暗黙の合意があって競技が始まります。競技を始める動作を「立つ」「立ち上がる」と表現することから「立ち合い」と呼ばれるようになりました。

行司が「はっきよい」と言ってから取組が始まるのではなく、両力士が取組を始めてから「はっきよい」「のこった、のこった」と声をかけます（ただしアマチュア相撲では、互いの競技者が手を下ろしてから審判が声をかけて競技を始めさせる形が一般的です）。ということは、大相撲は1回目の仕切りから両力士の呼吸が合えば取組を始めてもよいわけです。平安時代の宮中行事「相撲《すまい》の節会《せちえ》」の頃は土俵もなく、今のような「仕切り」もありませんでした。皇居の広い庭で、対戦する力士は両手をあげ「練合《ねりあい》」といって、互いにぐるぐる回り相手の様子をうかがいながら、隙を見て飛び込んだり徐々に近づいたりして相撲の取組が始まりました。

江戸時代中期になると土俵が誕生し、それとともに手を下ろして立つようになってきましたが、力士によっては中腰のまま立っていく場合もありました。この時代の仕切りは「狛犬型」といって、両手を伸ばし、腰を低く落として仕切る形が主流でした。明治に入ってからは、しだいに腰を上げ、腕を軽く曲げて構える形に変わりました。

もともと大相撲の仕切りには「制限時間」はありませんでした。「いつ立ってもよい」、これは現在でも同じですが、かつてはそれに加え「いつまで仕切っていてもよい」のが仕切りでした。土俵に上がり仕切りを始めたかと思うと、すぐに立ち上がる対戦もありました。逆に1時間半も仕切りを繰り返した対戦もあったことが、当時の新聞記事にも残っています。ちなみに、両力士の呼吸が合わず、仕切りを繰り返すことを「仕切り直し」と呼びます。この大相撲から発生した専門用語も、今や日常会話で使われる言葉です。

大正から昭和初期にかけて活躍した関脇若葉山鐘《あつみ》（若隆元、若元春、若隆景三兄弟の祖父とは別人物）という力士は、仕切りが極めて長かったことで有名です。何度仕切りを繰り返しても立つことができず、当時の松内則三アナウンサーがラジオ放送の中で「若葉山、紅葉《もみじ》の頃に立ち上がり」と皮肉った川柳を詠んだと伝えられています。ただ、この頃のラジオ中継は、アナウンサーの隣に川柳や俳句の専門家を迎えることがあったため、この句の作者は松内アナウンサーではないかもしれません。

一方で、35代横綱双葉山は、相手が1回目の仕切りで立ってきても、堂々と受けて立ったそうです。昭和15（1940）年一月（春）場所中日のことでした。無敵と言われた双葉山は、この場所もそこまで7戦全勝でした。その双葉山に対して何とか勝てる方法がないか、その頃、大人数を誇った出羽海部屋は、笠置山《かさぎやま》を中心に作戦を練ることが日常でした。笠置山は当時としては珍しい学生（早稲田大学）出身力士で、周囲から参謀と呼ばれていました。その出羽海部屋の前頭6枚目竜王山が8日目に双葉山と対戦することになった時です。前頭2枚目の笠置山は「どうせ勝てないなら、1回目の仕切りで立ってみてはどうか。さすがの双葉山関も慌《あわ》てるのではないか」と策を授けたそうです。

果たして竜王山は、その作戦通り1回目の仕切りで立っていきました。しかし、双葉山は動じることなく見事に受け止めて、竜王山を上手投げで退けました。その2日後、笠置山自身も双葉山に突き落としで敗れています。ちなみに笠置山は、双葉山と17回対戦して全敗、生涯一度も勝てませんでした。竜王山も6戦全敗です。ところが、どうやらこの話は間違って伝わっているようです。作戦を与えられた竜王山のほうが笠置山より一つ年上で、しかも兄弟子ですから、少々眉唾物《まゆつばもの》です。

策を授けたのは笠置山ではなく、ＮＨＫの和田信賢《のぶかた》アナウンサーだったというのが真実です。「きみはどこから行っても勝てない。驚かせてみてはどうか。もし、双葉山関が待ったをしたら、それはそれで大変な出来事になる」と焚《た》きつけたそうです。先輩アナウンサーから聞きました。笠置山が参謀と呼ばれていたことから話が混同して伝わったようです。

仕切りに制限時間が設けられたのは、昭和３（１９２８）年一月場所からです。双葉山がまだ序ノ口の番付でした。この時に設定された仕切りの制限時間は現在より長く、幕内10分、十両7分、幕下は5分でした。実は、NHKから大日本相撲協会（現日本相撲協会）への要望で時間短縮が実現したのです。NHKによる大相撲のラジオ中継がこの場所から実施されました。NHKとしても、後続の番組に影響を与えないため、仕切りの制限時間を設けて、大相撲中継が延伸しないようにしたかったわけです。

同じ昭和3年一月場所、もう一つ大きな「改革」が行われました。土俵中央に「仕切り線」が引かれたのです。二本の仕切り線、当初は2尺（60・6㎝）の間隔でした。

昭和45（1970）年五月場所からは、間隔は2尺3寸（69・7㎝）、長さ3尺（90・9㎝）、幅2寸（6・1㎝）となります。意外に思われるかもしれませんが、昭和2（1927）年までは仕切り線のない中で大相撲が行われていました。

それでも、仕切る位置によるもめ事などがあったとする記録や記述は見かけられません。両力士はそれぞれ自分の陣地から立って相撲を始めていたようです。とはいえ、少しでも前から立とうとしたのか、両力士が頭を付け合って仕切る姿が写真として残っています。仕切りを繰り返すたびに両者が近づき、ついには頭を付け合う仕切りとなったようです。こうなるとなかなか立ちにくくなって、1時間以上も仕切りを繰り返す対戦も見受けられました。仕切り線が設けられてからは当然、頭の付け合いはなくなりました。

初期の仕切り線は、浅く溝を掘って石灰を流し込んでいました。しかし、すぐに剝がれて溝に足を取られ危険なため、白い特殊なセメントを埋める形に変わりました。しかし、これもあまり効果がありません。そこで、固めた土の上の砂を丁寧に取り除き、白いエナメルペンキを塗る形に変え現在に至っています。現在の大相撲では、仕切り線は打ち出し後、呼出によって慎重に塗られています。「仕切り線を引く名人」と呼ばれたのが、現在の呼出次郎です。次郎は令和５（２０２３）年12月25日付で、２階級特進して立呼出に昇格しました。そして令和７年一月場所で定年を迎えました。

制限時間は、昭和20（１９４５）年11月、戦後初の「晴天本場所興行」で、幕内５分、十両４分、幕下３分となり、テレビ中継が計画され始める昭和25（１９５０）年９月場所から、幕内４分、十両３分、幕下以下２分に短縮されました。

勝負審判と物言い

勝負審判がいつ誕生したのか、これも相撲絵から推測するのが最も的確だといえます。江戸時代、天明年間（１７８１～１７８９年）に入り、四本柱を背にして土俵上に腰を下ろした親方の姿が確認できます。勝負審判のいない時代は、行司の軍配に「物言い」を付けるのは控え力士で、この物言いに行司が裁定を下すというものでした。このため混乱も多く、収拾がつかないこともありました。そこで、親方の長老が「監督責任者」の役割を持ち、四本柱を背に土俵上に座るようになりました。しかし、ここでも親方が「物言い」を付けるのではありません。物言いは控え力士が付け、親方は「物言い」に対して、行司と協議し裁決する役目でした。

勝負審判を制度化したのは寛政年間（１７８９〜１８０１）に入ってからでした。この頃は「中改《なかあらため》」と呼ばれ、四本柱を背にすることから俗に「四本柱」とも呼ばれました。それでも自ら「物言い」を付けることはほとんどなく、控え力士からの「物言い」を裁くのが任務でした。明治19（１８８６）年1月に、相撲会所（現在の日本相撲協会）の制度や組織が改定され、「中改」が興行全体の責任者として「物言い」の裁決を担うことになりました。そして、翌明治20（１８８７）年一月（春場所）の番付に「勝負検査役」の名前が初めて登場します。

明治42（１９０９）年6月、かつての両国国技館が完成しました。これを機に、東西対抗での優勝制度が定められ優勝旗も用意されました。となると、自軍の優勝のため、控え力士からの強引な物言いも増えてきます。しかも、横綱や大関からの物言いには、彼らの面子《めんつ》に配慮して、勝敗が明らかであっても「預り」とすることがありました。大日本相撲協会が勝負を預かり、引き分けと同じ形にして勝敗を付けないという措置です。今では考えられないような不明朗な裁決が頻繁になされていました。

大正14（1925）年11月、東京と大阪の大角力《おおずもう》協会の合併が計画されます。その準備として、両協会の合同番付編成をするための力量審査が京都で開催されました。このとき「引き分け」「預り」は廃止となり、「取り直し」制度が設けられました。

その後、昭和5（1930）年五月場所から、それまで四本柱を背に土俵上に座っていた勝負検査役が土俵下に降ります。さらに、従来の4人に取締1人が検査長として加わり、正面土俵下に控えることになりました。ちなみに、なぜ今も向正面だけ二人の審判が腰を下ろしているのでしょうか。それは、土俵上の行司が主に向正面側を動くため、死角を少なくするための措置なのです。

かつては土俵下の控え力士からの物言いが主流だったと述べましたが、現在の大相撲でも「物言い」を付けることができるのは、5人の勝負審判だけではありません。東方と西方、合わせて4人（結び前と結びの二番は三人以下）の控え力士も物言いを付ける権利があります。したがって、本来は9人の目で微妙な勝負を見極め、行司の軍配に異議があれば手を挙げて物言いを付けます。ところが、今では控え力士が物言いを付ける姿を見ることはほとんどありません。

平成以降で見ても、十両以上の取組で、土俵下に控えている力士から物言いが付いたのは2回しかありません。平成8（1996）年一月場所9日目に、小結土佐ノ海と前頭筆頭貴闘力との対戦で、行司の軍配は土佐ノ海に上がりました。しかし、控え力士の大関貴ノ浪が物言いを付け、協議の結果「行司差し違え」で貴闘力の勝ちとなった例があります。また、平成26年五月場所12日目、横綱鶴竜と関脇豪栄道の対戦では、豪栄道がはたき込みで勝ったかに見えました。軍配も豪栄道に上がりました。ところが、土俵下の横綱白鵬が物言いを付け、豪栄道が髷を引っ張ったという反則で鶴竜の勝ちとなりました。

控え力士からの物言いは、平成以降の十両以上ではこの2例だけです。もっとも、控え力士が物言いを付けられることを知らない力士もいます。こうした規則も、本来ならば新弟子の時に教習所で学び、日頃から親方が指導していかなければなりません。

ところで、物言いを受けての協議が極めて長引いた例があります。横綱双葉山が無敵を誇っていた昭和13（1938）年一月場所9日目、双葉山と関脇両國との対戦で軍配は双葉山に上がりましたが、控えにいた横綱玉錦が物言いを付け、勝負検査役の協議が30分に及んだことがありました。結果は双葉山の勝ちとなり49連勝、そのまま69連勝まで突き進みました。

昭和43（1968）年2月、勝負検査役の名前は「審判委員」に改められます。役員から選ばれた3人が、審判長（審判部長、審判部副部長）として物言いの裁決に決定権を持つことになりました。

現在、物言いが付いた時に行われる勝負審判の協議では「ビデオによる判定」が、かなりの比重を占めています。大相撲でビデオ判定が始まったのは昭和44年夏場所からです。その前の春場所2日目、横綱大鵬と前頭筆頭戸田の対戦で大鵬が負けて連勝が45で止まりました。

この一番、立ち合いから戸田が右ののど輪で大鵬をのけぞらせ、さらに右突き落としで大鵬を崩し、戸田はなおも攻め続けます。大鵬は俵を回り込みながら叩《はた》きましたが、戸田の勢いに尻もちをつくように腰から土俵下に落ちました。しかし、22代式守伊之助の軍配は大鵬に上がります。物言いが付き、協議の結果は行司差し違えで戸田の勝ちとなったのです。双葉山の69連勝という記録に少しずつ近づき、日本中が注目する中での大鵬の敗戦でした。

ところが、NHKのニュースでこの取組のスロー映像が流れると、日本相撲協会には抗議の電話が殺到します。翌朝の新聞各紙には、大鵬が倒れる前に戸田の右足が先に土俵の外に出ている瞬間をとらえた写真が掲載されます。「世紀の大誤審」と呼ばれました。この取組の判定には全く責任のないNHKや新聞社にまで苦情が相次ぎました。

これがきっかけとなって「ビデオ判定」が採用されるようになったと伝えられています。しかし、実際にはその取組以前に、物言いの付いた勝負には、ビデオによる判定を採用してはどうかという意見が、日本相撲協会の内部では出ていました。その実現に向けて検討を続けていたところに「世紀の大誤審」が、たまたま発生したというのが事実のようです。したがって、誤審によって大鵬の連勝が止まった一番が、ビデオ判定導入への直接の引き金ではありません。

近年は数多くの競技で、異議を申し出ることが許されたり、審判が勝敗やポイント、技などを映像で確認したりすることができるようになりました。野球やテニス、サッカー、バレーボール、レスリング、ボクシング、柔道など、挙げればキリがありません。大相撲では、競技の当事者がビデオ判定を要求することはできませんが、他のほとんどの競技では、選手自身や監督が映像確認の要求をできる場合もあります。それぞれルールや用語は異なりますが、「チャレンジ」的な規定を採用する競技が増えました。「物言い」というチャレンジ、そして「ビデオ判定」が昔からある大相撲は、最も先駆的な競技として発展してきたといえます。

しかし、物言いが付かない限りはビデオ判定もされません。直近では、令和6年九月場所3日目の結びの一番、琴櫻と翔猿の対戦で、誤審といわれても仕方がない取組がありました。琴櫻が攻め込んだ正面土俵で、翔猿が引き落としをみせると、琴櫻が前のめりに落ちました。その瞬間、翔猿も土俵を飛び出しました。木村庄之助の軍配は琴櫻に上がります。微妙な土俵際でしたが物言いはありません。国技館内も「えーっ?」という声が上がります。しかし、そのまま琴櫻が勝ち名乗りを受け、山ほどの懸賞を手にしました。ところが、スローで映像を見ると、琴櫻が土俵に落ちた時には、まだ翔猿の足は土俵の中にあります。はっきり言って誤審です。物言いさえ付いていれば、映像で確認して翔猿の勝ちとなったはずです。物言いが付かなければビデオ判定は採用されない、当事者から物言いを付けることはできない、その極めて残念な例です。世界中の様々な競技の中で「ビデオ判定」を最初に採用したのは日本相撲協会です。しかし、審判や控え力士が積極的に物言いを付けなければ「宝の持ち腐れ」です。国技館などの現場で観戦していると、土俵際の微妙な勝ち負けを判断できないことがあります。誤審を防ぐのはもちろんですが、見る位置や角度によって判断できない観客のためにも、微妙ならば物言いを付けてほしいものです。

懸賞今昔物語

力士になったからには手刀を切って「懸賞」を受け取ってみたい、これも夢の一つです。

大相撲には欠かせない懸賞ですが、実はかなりの歴史があります。1200年余り前、平安時代の「相撲節会」の頃には取組に懸賞が付いたとされています。当時は金銭ではなく、馬や刀、弓、衣類などでした。江戸時代に入ると将軍による上覧相撲で、高価な衣類が勝者に手渡された記録もあります。

その後の勧進相撲では「投げハナ」が流行しました。贔屓《ひいき》の力士が勝つと自ら着用している羽織や帽子、煙草入れなどを土俵に投げ入れました。これを拾った力士の付け人が投げ入れた本人に返しに来ると、その代わりにご祝儀を手渡すという風習でした。しかし、そのうち興奮した観客によって、火鉢や徳利など危険なものまで投げ入れられるようになります。このため、旧両国国技館が開館し、優勝制度や東西制が採用されると同時に「投げハナ」が禁止されました。

それでも昭和14年1月場所4日目、横綱双葉山が前頭3枚目の安藝ノ海に敗れて連勝が止まった時には「座布団だけではなく酒の瓶や、火が入ったままの火鉢などが乱れ飛んだ」と歌舞伎役者で横綱審議委員だった澤村田之助さんから聞いたことがあります。当時6歳だった田之助さんは尾上菊五郎さん（六代目）に「坊や相撲を観に行くか？」と誘われ、喜んでついて行ったそうです。そこで双葉山の連勝が69で止まる歴史的一番を目撃したそうです。もっとも、この時に乱れ飛んだのは、かつての「投げハナ」とは意味の異なるものですが……。

話が逸《そ》れました。「投げハナ」が禁止された後は、しばらく力士に手渡される懸賞のようなものはありませんでしたが、太平洋戦争中には戦時国債が贈られたこともあるそうです。そして、懸賞制度が再び公式に始まったのは昭和24（1949）年一月場所からです。戦後間もなくの時代です。懸賞金以外にもコメや味噌、鶏卵、豚肉などの食料品が贈られることもありました。宝くじや炭、土佐犬なども懸賞になったことがあったそうです。昭和22年十一月場所から制定された三賞も「当初は賞金ではなく食料品が贈られていた」と、第1回の殊勲賞受賞者の出羽錦忠雄さんから聞きました。

懸賞金が現在のように一律となったのは昭和30年代に入ってからです。正式には昭和35（1960）年九月場所から1口1万円で懸賞が付けられました。昭和47（1972）年には1万5千円、昭和50（1975）年に2万5千円、昭和57（1982）年に4万円となりました。若貴ブームの平成3（1991）年五月場所には10年ぶりに金額が改定され、一気に6万円。そして、令和元（2019）年九月場所から現在の7万円となりました。正確にいえば、令和6（2024）年現在、懸賞金を提供する側は1本につき7万円、1日最低1本、1場所15本以上という条件付きです。したがって最少でも105万円が必要です。内訳は、勝ち力士が6万円、日本相撲協会が受け取る取組表掲載料や場内放送料などの手数料が1万円です。実際の祝儀袋には1本につき3万円が現金で入っています。残りの3万円は税金用に協会が預かっておきます。昭和30年代には全額が勝ち力士に渡されたため、その日のうちに豪遊し散財してしまうこともあり、税金を徴収されるときになって慌《あわ》てた力士も多く見られたそうです。このため、当時の力士たちから協会に「半額を預かっておいてもらいたい」と要請があったと聞いています。

現在、仕切りの最中に土俵を回る懸賞旗は縦1m20㎝、横70㎝で、懸賞を提供する側が制作します。懸賞旗の制作業者は協会が紹介しますが、費用は提供者持ちです。場内アナウンスで紹介されたり取組表に印刷されたりする「キャッチフレーズと社名など」は活字で15文字以内と決められています。

両力士が土俵に上がり仕切りが始まると、10人ほどの呼出が懸賞旗を観客に見えるように掲げて土俵上を回ります。NHKの中継放送を観ていると、懸賞旗が土俵に登場すると同時に、映像はかなり引いたサイズになります。さらに、企業名などが鮮明にならないように、両力士の対戦成績などを映像に被せます。ところが「永谷園」などは負けていません。そこは計算ずみです。遠目に見ても「永谷園」とわかる、「赤、黄、緑、黒」の、あの横縞の「お茶漬け海苔」のパッケージをデザインした懸賞旗を制作しています。しかも、場内アナウンスの「15字以内のキャッチフレーズ」も、「味ひとすじお茶漬け海苔の永谷園」

「さけ茶漬けの永谷園」「梅干し茶漬けの永谷園」「たらこ茶漬けの永谷園」「ワサビ茶漬けの永谷園」と並べて、客席の笑いを誘うことで印象付ける効果を狙ってきます。永谷園の懸賞戦略は見事と言うしかありません。

番付は金庫に厳重に保管

力士の階級を示す「番付」も、それが書かれた「番付表」も、ともに「番付」と呼ばれています。番付が登場した当初は「番文《つがいぶみ》」とも呼ばれていました。東西二つで一組という意味から番《つがい》の文字が使われました。したがって、当初はどうやら「順番を付ける」という意味で「番付」と呼ばれるようになったのではないことがわかります。番付の始まりは、江戸時代（1700年頃）と伝えられています。一枚の板に書かれたのが最初でした。近年はケント紙に筆で書いていきます。これを縦58㎝、横44㎝の大きさに縮小して印刷しています。原寸のおよそ4分の1です。1場所に40万枚が印刷され、各部屋に配られたり1枚55円で一般に販売されたりしています。

現在、本場所の結果によって次の場所の新しい番付を決める「番付編成会議」は、本場所終了（千秋楽）の3日後に行うことになっています。審判部の部長、副部長以下全員が出席し、監事には番付の決定に関しての発言権はありません。

新番付は、横綱、大関、関脇、小結と、上位から順に決めていきます。これを書記役の行司が、横に長い巻紙に地位と四股名を書いていき、一日がかりで序ノ口の番付まですべてを決めます。私たちが目にする番付表を書くのも行司の仕事です。令和5（2023）年一月場所の番付までおよそ15年間、木村容堂が番付を書き続けました。容堂によれば、新番付の巻紙を受け取ってから約2週間で完成させるそうです。木村容堂に代わり、令和5年3月場所の番付からは木村要之助が番付表の筆を執っています。戦後8人目の書き手です。

新番付をすべて書き終えると、これを巻紙とともに日本相撲協会の大金庫に厳重に保管します。これも大相撲ならではの風習です。新番付発表まで「極秘」ということです。番附編成要領第11条には「番附編成会議により作成した新番附は、次の本場所の番附発表まで極秘として扱い、何人にも発表することができない。」（原文表記のまま）と明記されています。つまり、番付編成会議に出席した審判部の親方や書記の行司、印刷関係者などには、絶対に口外してはならないことが義務付けられているわけです。

ただし、新横綱、新大関（再大関）、新十両（再十両）は、化粧まわしや明け荷、お祝いなどの準備に時間がかかることから、千秋楽から3日後の水曜日、「番付編成会議」で決まり次第、発表されます。新横綱、新大関（再大関）については、水曜日午前に開かれる理事会と番付編成会議を経て昇進決定の伝達式が行われます。理事と審判委員の1人ずつが昇進力士の部屋に赴き、昇進の旨を伝えます。これを受けて、昇進力士は「謹んでお受けします……」と口上を述べるのが習わしです。

余談ながら、北の富士勝昭さんから聞いた昇進にまつわる話に触れておきましょう。北の富士さんは、昭和41（1966）年七月場所後に大関に昇進しましたが（当時は「北の冨士」）、直近の3場所は8勝7敗、10勝5敗、10勝5敗の成績でした。現在、放送や新聞などで大関昇進の目安として「直前3場所の合計が33勝」と報道されています。北の富士さんによると、当時は「昇進の目安」といった報道はなかったそうです。場所前でも「北の富士、大関昇進へ」といった話題も全く出ていなかったと振り返ります。そのため、北の富士さん自身は「大関昇進など考えてもいなかったしマスコミも静かだった。前日もいつも通り呑んで熟睡していたら、朝、床山が来て『関取、大変です。起きてください。大関昇進伝達の使者が来るみたいです』『嘘つけー、朝から冗談もいいかげんにしてくれ』というやりとりのあと、事実とわかってからが大変だった。紋付も何も用意がなくて、紋付は兄弟子の横綱佐田の山関から借りた。ところが、足袋は足のサイズが合わなくて急遽、宿舎が近かった横綱柏戸関に借りるため付け人を走らせ、ようやく貸衣装で揃えた。もっとひどかったのは師匠（8代出羽海親方＝出羽ノ花）夫妻が朝から外出して部屋にいない。師匠にも連絡がないぐらいのまさかの昇進だった。仕方がないから佐田の山関に師匠の代わりをお願いした。いやもうバタバタだったよ」と話してくれたことがあります。今はマスコミなどがわかりやすくするために「大関昇進の目安は、直前3場所で合わせて33勝」と報道しますが、数字に決まりがある訳でもなく明文化されてもいません。1場所15日制が定着した昭和24年以降の大関昇進で、３場所合計の勝ち星が最も少なかったのが、初代若乃花と北葉山、そして北の富士の28勝です。北の富士さんにその話を向けると「またその話なの？」と苦笑いを浮かべます。

一日の結びは弓取式

大相撲の一日の締めくくりは「弓取式」です。この「弓取式」について触れておきます。弓取式は、結びの一番の勝ち力士に代わって執り行う儀式です。その起源は、平安時代の宮中行事「相撲節会」にあると言われます。この時は、弓ではなく「矢」を背負いながら行ったそうです。今の形になったのは江戸時代の寛政３（１７９１）年、11代将軍徳川家《いえ》斉《なり》の初の上覧相撲（天皇や将軍の前で催される相撲）の時に、４代横綱谷風が土俵上で弓を受けて四方に回したのが始まりとされています。つまり勝利の舞といったところでしょう。

弓取式はもともと千秋楽に限っての儀式でしたが、昭和27（1952）年一月場所から毎日行われるようになりました。現在も、千秋楽には残り三番となったところで「これより三役」といって「三役揃い踏み」が行われます。この時、直前の取組で勝った力士は、「力水」を付けるために残ることはせず、花道を引き上げます。そして、土俵に箒《ほうき》の目が入り掃き清められます。舞台が整ったところで、いつも通り呼出がこのあとの取組の両力士を呼び上げます。すると、まず東方《ひがしがた》の3人の力士が揃って土俵に上がります。前に2人、後ろに1人の三角の形で正面に向かって立ち、呼吸を合わせて四股を踏みます。四股は右2回左1回です。

この時の後ろの1人は結びで相撲を取る力士です。東方が終わると、入れ替わるように西方《にしがた》の3人が土俵に上がり、同じように四股を踏みます。西方は、前に1人、後ろに結び前と結びで相撲を取る2人です。東西で三角形の向きが変わることを、放送などでは「扇を返した形」と表現しています。

さて「これより三役」の最初の勝者は、勝ち名乗りの時に「小結に適《かな》う」という意味で、行司の軍配に載せられた「矢」を受け取ります。結び前の勝者は「関脇に適う」として「弦」

を受けます。結びの勝者は「大関に適う」ということで本来ならば「弓」を受けます。しかし、実際には結びの勝ち力士に代わって、弓取式を務める力士が弓を受けるわけです。この弓取式にも、歴史の中で培われた決まりごとがいくつもあります。弓取式を務める力士は結びの一番の仕切りの最中に、大銀杏に化粧まわし姿で花道を入場します。そして、向正面の行司《ぎょうじ》溜《だ》まりに腰を下ろします。化粧まわしには「公益財団法人日本相撲協会」「日本大相撲溜会《たまりかい》」などの紋章が描かれています。

結びの取組が終わると弓取式を行う力士の出番となります。まず、土俵に上がる方屋が結びの一番の結果で決まります。勝った力士に代わっての儀式ですから、結びの一番で勝ち名乗りを受けた力士の方屋に進みます。勝った力士が勝ち名乗りを受け、土俵下に降りると、これに代わって二字口に上がり蹲踞《そんきょ》の姿勢で立行司から弓を受けます。そのあと土俵の中央に進み正面に向き弓取式が始まります。

毎日同じように見える弓取式の手順ですが、実はその日によって異なります。途中で地面を掘るような「弓を抜く」という動作があります。この動作は、結びの一番で勝った力士の方屋から始めます。たとえば東方の力士が勝てば、東2回、そして西2回の順で弓を抜きます。西方の力士が勝てば、西2回、東2回の順です。好角家でもここまで知っている人は多くはありません。一般的に知られているのは、誤って弓を落としてしまった場合に手で拾うことは許されず、足の指で弓を跳ね上げて手でつかみ、弓取式を続行するという習わしです。地面に手が触れることは負けに通じるからです。

伝承していきたい「しきたり」

「大相撲は柝《き》の音《ね》で始まり柝の音で終わる」と言われます。一日の始まり、序ノ口の取組が始まる時には、勝負審判が入り、力士の入場を促す柝の音が響きます。そして。一日の締めくくり、結びの一番が決着し、弓取式が終わると柝が打たれます。一日の進行一つ一つの節目にも柝が打ち鳴らされます。

大相撲には、番付にも花道にも支度部屋にも「東と西」があります。「東の方屋」「西の方屋」という言い方をします。開催の奇数日（初日、3日目、5日目……千秋楽）は土俵入りをはじめ、呼出の呼び上げや行司の名乗り、そして場内アナウンスも「東方」の力士からです。偶数日（2日目、4日目……14日目）は「西方」からです。中継放送（たとえば土俵上の力士の紹介）も、原則として東西の進行順に合わせるほうが、大相撲のしきたりに沿っていると言えます。番付では東が西よりも半枚上位とされています。取組は、番付上位の力士が方屋を優先します。東関脇と東前頭2枚目の対戦では、東前頭2枚目の力士が西方にまわります。西大関と西小結の対戦では、西小結が東方となります。千秋楽の各段の優勝決定戦に限っては、番付上位の力士が東方です。したがって、西大関と東関脇が千秋楽本割で対戦する場合、東方に東関脇、西方に西大関ですが、この両力士による優勝決定戦となれば、支度部屋も入れ替わり、東方から西大関、西方から東関脇が入場し土俵に上がります。

ちなみに、厳密にいえば番付の呼び方は「東（の）前頭3枚目」「西（の）十両5枚目」と言うのが正しく、本来は「前頭東3枚目」「十両西5枚目」とは言いません。番付が東と西に大きく分かれているところから、まず「東」「西」を先に言います。

呼出の呼び上げや行司の名乗りにも習わしがあります。取組で役力士（小結以上）が登場すると、呼出も行司も四股名を「2度呼び」します。対戦相手は平幕力十であっても、こちらも「2度呼び」となります。このあたりにも、格の違いを重んじる相撲のしきたりを感じます。

「軍配」は行司の命ともいえる必携の道具です。かつて、戦国武将など軍勢の大将が戦《いくさ》で指揮を執る時に用いたものです。単に「ぐんばい」と言っても間違いではありません。正式には「軍配団扇《ぐんばいうちわ》」と呼びます。令和6年九月場所では9年半ぶりに立行司が二人揃いました。これまで三役格だった木村容堂が42代式守伊之助に昇格し、38代木村庄之助（定年前最後の場所）とともに「行司の両横綱」が揃ったわけです。

昇格した式守伊之助は、この場所からこれまでとは異なる軍配を手にしています。「譲《ゆず》り団扇《うちわ》」といって江戸時代から伝わる軍配です。代々の式守伊之助がこの軍配を引き継いできました。こうした由緒ある軍配団扇が歴史とともに継承されるのも、大相撲界の誇るべき伝統です。そして、今や「軍配が上がる」という言葉は、他のスポーツや様々な勝負事にも使われるようになりました。

大相撲が他の競技と大きく異なる点の一つは、勝負の判定をする行司や審判が「第三者」ではないというところです。行司も各相撲部屋に所属しています。同じ部屋に所属する力士の取組に軍配を上げることもあります。軍配に異議を唱える場合は、勝負審判が「物言い」を付けます。勝負審判も、ビデオ室にいて映像で確認する担当者も「第三者」ではありません。部屋を運営し力士を指導する師匠や親方です。つまり親方や行司が、自分の部屋の力士の勝負を判定することがあるという、何とも不思議な仕組みが延々と続いています。このあたりにも大相撲の世界の「おおらかさ」を感じます。

また、その時々の番付の昇降にも厳格な規則が定められているわけではありません。「番付は生き物」というとても上手い言い方が、昔から大相撲界にはあります。まさに言い得て妙です。横綱や大関への昇進についてもまさに同様で、優勝回数によって昇進が決まるわけでもなければ、勝敗の数字によって出世するわけでもありません。その時の周りの状況や雰囲気にも左右されるという、これまた伝統の「おおらかさ」です。

消えてしまった「しきたり」

平成以降、いくつかの歴史のある「しきたり」が相撲界から消えてしまいました。

まず一つは、番付の「張出《はりだし》制度」です。かつては、横綱や大関など役力士が三人以上存在する時に、三人目以降の力士を「張出横綱」「張出大関」などと呼んでいました。番付表の所定の枠には、いわゆる東西の力士を「正横綱」「正大関」の名が記され、「張出横綱」や「張出大関」は外に張り出した枠を作り、そこに出身地と四股名が書かれていました。番付表には「正」や「張出」の文字はありません。正規の枠に納めなかったことから「張出」と呼ばれていたわけです。

しかし平成に入り、若貴人気などで新弟子検査を受ける若者たちが急増します。力士の数は増加し、序二段の力士が東西210枚、420人にもなったことから、番付表の中に全力士の四股名が入りきらなくなりました。そこで「張出」の枠を廃止することにより、番付表全体の左右の枠を広げたわけです。平成6（1994）年七月場所のことでした。

この時から、長年続いてきた「張出」が番付から消え、「張出横綱」「張出大関」の呼称もなくなりました。代わりに「3番目の横綱」「4番目の大関」などと、少々味気ない呼び方となりました。

平成6年五月場所には過去最多の943人の四股名が番付表に載っています。それから30年、力士数は減り続け、令和6（2024）年三月場所には、ついに600人を割りました。序二段もかつての半数以下で東西100枚程度です。今なら張出制度を復活させても良さそうですが、どこからもそんな話は聞こえてきません。

もう一つなくなってしまったのは、複数の横綱がいて、そのうちの何人かの休場により横綱が一人となった場合、その一人の横綱がもしも西方の番付であったならば、東方に移るというしきたりです。たとえば番付上、東横綱が白鵬、西横綱が鶴竜としましょう。白鵬が3日目に休場届を提出すると、その3日目は不戦敗となり翌日から休場となります。3日目まで鶴竜は、土俵入りも取組も西方から登場していましたが、東横綱が不在となった4日目以降（不戦敗日は除く）は鶴竜が東の方屋に移り、土俵入りも取組も東方から行うのが長い間の習わしでした。

しかし、近年になって東の横綱が休場となっても、西方の横綱が東に移ることはなくなりました。理由はわかりません。審判部が取組を編成する上で、そのような昔からの習わしを、ある時から軽視してしまったとしか考えられません。かといって、かつてはなぜ東に移っていたのかと問い返されれば、明確な理由も見つかりません。あえて言えば「番付は西より東が半枚上」という考え方からではないでしょうか。最高位の横綱が一人になった場合、東の方屋から登場させるべきであるとして、長い間そのような措置を取っていたのではないかと思われます。したがって「そんなしきたりは必要ない」と言われればそれまでです。しかし、少々無意味であっても歴史のある大相撲らしさがそこにはあるような気がします。

平成13（2001）年1月に当時の大山親方（元前頭大飛《だいひ》）の提案で大相撲の「決まり手」が82種類に増え、相手の過失による勝負結果も5種類となりました。これは、決まり手の歴史や成り立ち、変遷などを、自ら文献を紐解き研究した大山親方が、当時の時津風理事長（元大関豊山）に進言して実現したものです。

大山親方は「遠い昔、決まり手として存在し、その後削除されたものを、今一度、掘り起こしてみることも必要」と考え、研究を重ねました。その考えは、大相撲界の他の伝統にも通じるのではないかと思います。大相撲らしさが感じられるしきたりや習わしは、何かの理由で一度消えたとしても、復活できる道が開けてほしいと願うばかりです。

第7章

大相撲は変わりすぎた？
力士の大型化に待った！

最近の力士は大きすぎませんか？

ＮＨＫが大相撲のテレビ中継（本放送）を開始したのが、昭和28（１９５３）年の５月です。日本相撲協会が、力士の身長体重を公式に発表するようになったのも同じ年でした。当時の番付を見ると、横綱は鏡里（42代）、東富士（40代）、羽黒山（36代）、千代ノ山（41代、翌昭和29年一月場所から『千代の山』に改名）、大関に吉葉山（43代横綱）、栃錦（44代横綱）、三根山《みつねやま》と豪華でした。羽黒山は続く昭和28年九月場所全休し引退。栃若時代が近づいていた頃です。

あれから70年余りが過ぎました。確実に大相撲は変わりました。力士の体格も、相撲の中身も、私たちファンの目も……。このまま進んでいいのかどうか、考えなければならない時期が来ているのではないかと思います。いえ、もう何年も前に考えておくべきだったのではないかと思うのです。反対意見があるのも承知で私自身の思いを並べます。

まず、力士の体格です。日本相撲協会が力士の身長体重を、初めて公式に発表した昭和28年、その年の九月場所のデータを見てみましょう。幕内力士が51人いました。その平均身長は１７６・95㎝、平均体重は１１４・49㎏です。

71年後の現在はどうでしょうか。令和６（２０２４）年九月場所の幕内力士は42人です。

その平均身長は１８４・83㎝、平均体重は１６１・83kgです。70年余りで身長は７・88㎝、体重は何と47・34kgも増えています。実に１・４倍以上です。

戦後わずか８年という時代と現在とを比較するのは少々無理があるかもしれません。確かに70年の間に食糧事情は激変しました。生活様式も変わりました。日本人全体の体格ももちろん大きくなっています。それを差し引いても、大相撲界の体の変化は異常と言えます。私が大相撲に興味を持ち始めた昭和30年代から40年代、力士の個性は、顔だけではなく体つきにもありました。そして何よりも相撲の取り口を見ても個性派ぞろいでした。

当時、圧倒的な強さを誇った横綱大鵬の身長体重を調べてみました。テレビ画面の中で大鵬は、特別大きな力士という印象でした。大鵬が新入幕を果たした昭和35年一月場所、身長は１ｍ86㎝、体重は何と１０１kgです。平成以降で１００kg前後の新入幕力士といえば旭道山、舞の海、隆の山、炎鵬、そのぐらいの名前しか浮かびません。その大鵬が横綱に昇進した時は１ｍ87㎝、１２４kgです。令和６年九月場所現在の幕内力士でその体重に満たないのは翠富士（１１７kg）一人しかいません。大鵬の体重は徐々に増加し、生涯最高体重は１４８kgでした。現在の幕内力士で当時の横綱大鵬に最も近い身長体重の力士は大関豊昇龍と関脇霧島です。令和６年九月場所直前の計測で、豊昇龍は１ｍ88㎝、１４９kg、霧島は１ｍ86㎝、１４７kgです。大鵬が今の幕内力士の中に入れば、軽いほうから10

番目です。

大鵬の時代に、ハワイから高見山が入門しました。昭和43年一月場所、高見山が新入幕を果たした時、身長は1m91㎝、体重は143kgです。番付を上げて横綱大鵬と対戦する頃には、高見山は大鵬の体重を超えていました。しかし、11回の対戦で高見山は一度も大鵬には勝てませんでした。大鵬の引退から約1年後の昭和47年七月場所で高見山が外国出身力士として初めて優勝を果たします。その高見山から、小錦(284kg)、曙(236kg)、武蔵丸(237kg)(いずれも自身最高体重)と続く系譜に、他の力士は体重を少しでも増やすことによって対抗しようとしました。

横綱貴乃花がその典型ではないでしょうか。曙や武蔵丸の巨体に対抗するには、技能の高さや足腰の良さに加えて、頑丈で重い体を作る必要もあります。貴乃花(当時貴花田)の新入幕時の体重は110kgでした。新横綱の場所が147kg、その後の最高体重は161kgです。意識をしながら体重を増やしたことは想像に難くありません。今振り返れば、貴乃花の全盛期は150kg前後です。160kg前後に体重が増えた頃から、肝機能障害や肩、膝の怪我なども増えました。全力士が体重を増やすことを考えたわけではないと思います。しかし、この頃から「体重を増やしたい」という力士の発言は確実に多くなりました。

その後、平成に入りハワイからモンゴルへと勢力図は塗り替えられます。朝青龍の最高体重は154kgです。白鵬の最高体重は160kgでした。いずれも、その時代の幕内力士のほぼ平均体重です。その後の日馬富士（70代横綱）に至っては137kg、鶴竜（71代横綱）は161kgでした。しかし、どの横綱も生まれ持った足腰の柔軟さや強さ、何よりも人一倍の努力と向上心で技能も高め、それぞれが頂点を極めました。体の大きさだけではないことを証明してくれたのがモンゴル出身の横綱たちです。そんな時代になってもまだ、体をむやみに大きくしようとする力士がいます。また、そのつもりではなくても体重増加を制御できない力士もいます。15日間の中には、体重の重さで勝てる相撲が何番かはあるかもしれません。しかし、各力士が自分自身の最も動きやすい体づくりをするのがプロではないかと考えます。

第2章で紹介した昭和28年三月場所の栃錦対若ノ花（のちに若乃花）戦。テレビの大相撲中継が始まる前の場所の名勝負です。あれから70年余りが経過しても、今だ語り継がれ、映像で観る機会もあります。100kg前後の力士同士の対戦であったからこその攻防でしたが、今やそんな相撲にお目にかかることはありません。

「時代が違うよ」と言われれば、確かにその通りです。栃錦が身長1m77cm、体重は横綱になったあと、ようやく130kg前後まで増えました。一方の若ノ花は1m79cmで、横綱昇進後も105kgそこそこでした。栃若時代の終盤、昭和35（1960）年の幕内力士の平均は、身長1m79cm、体重は116kgです。身長も体重も今とは比べ物にならない時代だったからこそ、両雄は頂点まで番付を上げることができたのかもしれません。しかし、今とは比べ物にならないほどの技や技能がありました。それができる体格だったのです。現在のように力士が大きくなった大相撲の世界に栃若が入ったとしても、当時のような活躍ができたかどうかは何とも言えません。今は100kgの体重で横綱になることは不可能と言うしかないでしょう。しかし、それでも大相撲ファンは熱戦を求めているのです。

技も決まり手も時代につれて変遷が見られる

動きの中で、引かれたり叩《はた》かれたりした時に、あっさり前に落ちてしまう力士が増えました。明らかに自分の体を持て余しているような力士もいます。時代とともに、力士の体が大きくなったことによって、相撲の中身にも明らかに変化が出てきました。

昭和30年から場内アナウンスで「決まり手」が発表されるようになりました。「ただいまの決まり手は、上手投げ、上手投げで○○の勝ち」と取組のあとにアナウンスされます。決まり手が発表され始めた当初、その決まり手の割合は、「寄り切り」「寄り倒し」「上手投げ」が上位で、続いて「押し出し」という順でした。さらに、今ではめったに見ることのない「吊り出し」や「うっちゃり」も上位にありました。しだいに「押し出し」が増え、この「寄り切り」「押し出し」の1、2位は、半世紀を超えて不変となりました。ところが、平成に入って徐々にその差が縮まり、平成20年代の後半にはほぼ同数となり、ついに今や1位「押し出し」、2位「寄り切り」と逆転しました。

力士それぞれの持ち味や得意の相撲が、まわしを取る相撲ではなく押す相撲に変わってきたという証拠です。四つ相撲が減り、押し相撲が増えた、その最大の理由が力士の大型化にあります。立ち合いから大きな体で相手に圧力をかけ、突っ張りや押しで相手を土俵の外に出す、そんな相撲が増えました。

どの力士に聞いても「立ち合いが重要」と言います。解説者の親方も「勝負の7～8割は、立ち合いで決まる」と言います。制限時間いっぱいとなって両力士が最後の塩をまき、仕切り線を挟み蹲踞《そんきょ》をします。ところが、今の相撲はここから時間がかかります。「さあいよいよ立ち合い」というところからがやたらと長すぎます。各力士が「立ち合いから先手を取りたい、自分の呼吸で立ちたい」という駆け引きが、あまりにも前面に出すぎています。そこには「立ち合いでほぼ勝負が決まる」という今の大相撲の特徴が表れています。

昭和の時代は、仕切り線に手を下ろさず、中腰の姿勢から立っていく相撲も多く見られました。そのほうが、手を下ろすときの長い駆け引きがなく、最後の仕切りに時間はかかりませんでした。さらに、当時は四つ相撲が得意な力士が多かったことも、立ち合いの重要性が今ほど顕著ではなかったのかもしれません。最後の仕切りに時間をかけておきながら、勝負は一瞬でおしまい、そんな相撲も残念ながら増えてしまいました。

決まり手の1位が「押し出し」、2位が「寄り切り」と記しました。そして、現在の3位は「はたき込み」、4位は「突き落とし」で不動となってきました。かつては「吊り出し」「上手投げ」「寄り倒し」など、まわしを取って、あるいはまわしは取れなくても四つ相撲になって決着する相撲が大半でした。力士はもちろん力持ちです。しかし、いくら力持ちでも、200kgを超える相手を「吊り出し」たり「うっちゃり」で逆転したりすることは至難の業です。かつての大関霧島（現陸奥親方）は筋肉で体を固め「和製ヘラクレス」と呼ばれました。ある時、200kgをはるかに超える小錦を吊り出そうとしたことがありますが「やはり無理だった」と言っています。

小錦に「うっちゃり」で勝った力士が一人だけいます。貴花田です。平成4（1992）年一月場所でした。大関小錦の綱取りがかかった場所、体重は262kgでした。攻め込まれた貴花田が白房下で左からの「すくい投げ」で逆転勝ち。小錦の体が浮いたわけではありません。しかし決まり手の発表は「うっちゃり」でした。この場所、貴花田は前頭2枚目で初優勝を果たしています。

「吊り出し」「うっちゃり」といえば、昭和の時代はその名人がいました。私の記憶に残る力士が、いずれも昭和30年代から40年代にかけて活躍した、明武谷《みようぶだに》と若浪《わかなみ》です。明武谷が勝った決まり手で多かったのが「吊り出し」「寄り切り」「うっちゃり」の順、若浪は「吊り出し」「うっちゃり」「上手投げ」の順です。こんな力士、今は皆無です。その後、「吊り」で人気を博した大関大麒麟《だいきりん》や陸奥嵐《むつあらし》などもいます。大関霧島（現陸奥親方）は、昭和50年代以降では数少ない「吊り出し」も「うっちゃり」もいずれも得意とする力士でした。

明武谷は1m89㎝で110㎏前後と、長身で細身でした。背の高さ生かした「吊り」でした。若浪は1m78㎝で100㎏前後、決して大きいわけではありません。こちらは腰のバネを存分に使っての「吊り」や「うっちゃり」でした。自ら土俵際まで下がるようにして誘い込むこともありました。俵に足がかかったところで弓なりに反《そ》り、寄って出る相手を見事にうっちゃる、そんな痛快な「うっちゃり」でした。

両力士は、ほぼ同じ時代に活躍し15回の対戦がありました。そのうち9回は、どちらかが「吊り出し」か「うっちゃり」で勝っています。若浪が明武谷に勝った決まり手の中に「櫓投《やぐらな》げ」が2回もあります。まわしを引きつけて持ち上げ、相手の股の間に脚を入れ、その脚（太ももや膝）で跳ね上げるようにしながら投げる技です。引きつける力や足腰の強さがなければ不可能です。今や10年あるいは20年に1回出るかどうかという、極めて珍しい決まり手です。幕内では平成27（2015）年十一月場所7日目、白鵬が隠岐の海に決めて以来「櫓投げ」は出ていません。十両に至っては、昭和45（1970）年五月場所6日目、嵐山《あらしやま》が双ツ竜《ふたつりゅう》に勝った時以来、半世紀以上も見られない決まり手です。ちなみに、嵐山はこの前日、5日目にも朝風《あさかぜ》を「櫓投げ」で下しています。

今や、「吊り出し」や「うっちゃり」など、四つ相撲に持ち込み、相手を腹に乗せるような相撲はほとんど見ることがなくなりました。180kgや200kgの相手を持ち上げることが物理的に難しいという理由はあります。そうなると、足腰を鍛えて「吊り」を研究し身につけようなどという力士はいなくなります。

「吊りは（逆転されにくい）一番安全な技」と言われます。大相撲の規則上、相手を吊り上げて土俵外まで歩いたとしても「勇み足」にはなりません。相手の足が浮いてしまえば、俵の外の空間に出た時点で相手は「死《し》に体《たい》」とみなされるからです。相手が浮いている限りは、まず逆転を許さない安全な技なのです。

互いにまわしを引き合い、技をかけ合い凌ぎ合う熱戦は、ほとんど見られない時代になりました。立ち合いにガツンと当たったあと叩かれてバッタリ、押し合いから引かれてバッタリ、そんな相撲が増える一方です。「はたき込み」や「突き落とし」「引き落とし」が増えるのは、バッタリと前に落ちる力士が増えたからです。かつて「はたき込み」が少なかった時代は、叩《はた》いても落ちない、叩くと自分のほうに呼び込み不利になる、そんなことから「はたき」を癖にする力士が少なかったわけです。

解説の北の富士さんが「叩いたり引いたりされて、前に落ちる相撲が多いねえ」と嘆きます。そこで調べてみると、北の富士さんは現役時代、幕内で294敗していますが（592勝）、「はたき込み」で負けた相撲はわずか6番だけです。そのうち2番は大鵬に負けた相撲です。大鵬もとくに晩年は「はたき込み」で勝つ相撲が増えていました。

大相撲ファンの皆さんは、今の大相撲やその相撲内容をどのように感じているのでしょうか。コロナ禍を乗り越えて、東京場所でも地方場所でも、大相撲は毎日、満員御礼の垂れ幕が下がります。観戦を我慢してきたファンの思いが、間違いなく入場券の完売につながっています。さらに、外国からの観客が増えました。

この盛況を一過性のものにしないためにも、日本相撲協会としては内容のある取組を見せなければなりません。昔ながらの大相撲ファンからすれば、栃錦と若乃花の四つに組んでの技の掛け合い、凌ぎ合いを観てみたいとか、昭和天皇もご贔屓《ひいき》とされた麒麟児と富士櫻の激しい突っ張り合いをもう一度観たいとか、わがままな思いが常に湧いてきます。入場料を支払って足を運んでくれる観客に、あるいはテレビの前の大相撲ファンに、すこしでも多くの熱戦を提供するには抜本的な改革も必要ではないかと考えます。

「小よく大を制す」という言葉があります。小さい者が大きい者を倒すことです。大相撲でもよく使われますが、もともとは講道館柔道の強さを表現したものだと聞きました。1 0 0kgの力士が2 0 0kgの力士を倒す、確かに大相撲の魅力の一つです。かつて1 0 0kgに満たない舞の海が2 8 0kgを超える小錦に勝つと、「小よく大を制す」という言葉はよく使われました。「大」と呼ばれる力士の数が限られていたからです。しかし、今の大相撲界の状況はどうでしょうか。関取（十両以上の力士）だけを見ると「小」とされる力士は相変わらず少数です。しかし「大」とされる力士は増える一方です。

令和6年九月場所の番付を見ると、幕内力士42人の中で最も軽量の力士は翠富士です。1m74cm、1 1 7kgです。1 3 0kg以下の力士は、翠富士ただ一人です。翔猿1 3 5kg、若隆景1 3 5kg、平戸海1 3 8kgと続き、1 4 0kg未満に広げても幕内では4人しかいません。ところが1 7 0kgを超える幕内力士は15人もいます。はっきり言って「大」ばかりです。

抜本的な改革を

これまで大相撲の力士になるためには、新弟子検査で身長と体重が一定の基準を上回ることが必要でした。現在は、身長または体重が基準に満たなくても、運動能力が認められれば合格となります。これには大賛成です。本人のやる気さえあれば体の大きさは関係ないと以前から思っていました。ただ、身長・体重の基準を設けられたのにも理由はあります。相撲という競技の性格上、体格が満たないことで大怪我につながると考えられたのが最大の理由でした。つまり、大きい力士に吹っ飛ばされたら小さい力士はたまったものではありません。怪我ではすまないような危険もあるということです。しかし、考えてみれば力士全体の体格の基準を下げれば、その懸念はある程度解消されます。

私見で申し訳ありませんが、相撲内容が全体的に大味になっていくにつれ、体格制限は「下限」ではなく「上限」ではないかと考えるようになりました。つまり「○m○○cm、○○kg以上」という制限ではなく「○○○kg以下」と改正するべきではないかと思うのです。ただ、身長に制限を設けず体重制限だけにすると、一般には背の高さで体重も増えるわけですから、体格基準として長身が不利になります。そこで「BMI」の出番です。身長と体重の割合を基準にするということです。

「BMI」＝体重［kg］÷（身長［m］×身長［m］）という基準です。令和6年九月場所の幕内力士をみると「BMI」の数値が最も低いのは翠富士（1・74m、117kg）で、B

MIは38・64、2番目に低いのは若隆景（1・82m、135kg）の40・76、3番目は豊昇龍（1・88m、149kg）で42・16です。4番目は霧島（1・86m、147kg）の42・49で、ここまでが45以下の数字です。この「BMI」の数値を日本相撲協会で検討して、たとえば「BMI＝50」以下、「BMI＝45」以下といった体格制限を設けてはどうかという提案です。その際には「BMI」に関する専門家の意見を参考にすることも必要かと思います。

力士の怪我が多くなってきたのは事実です。とくに膝や足首といった、体重を支える関節の大怪我が後を絶ちません。一度の怪我が、その後の力士人生や、さらに引退後の生活にまで影響を与える事態もよくあることです。力士の怪我の原因、その全てが体重の増加だとは言いません。それぞれの力士が自覚を持ち、膝や足首、腰などへの負担を極力減らすことを考えながら体重を管理するのがプロであり、それも仕事だと思います。

さらに、体全体の強さを作るための稽古《けいこ》が必要です。そのためには、稽古が十分にできる肉体を維持しなければなりません。すぐに息が上がり、容易に動けないような体では稽古量や質も低下し強い肉体を作れず、悪循環に陥ります。どの親方に聞いても、時代とともに稽古は甘くなっていると言います。昭和の時代に相撲を取った親方は「俺たちの頃は（1日の稽古で）100番ぐらい（相撲を取るのは）は当たり前だった」と口を揃えます。

本来は体格制限など設けず、大きくても小さくても大相撲界に入門できるのが理想です。そのためには、力士の自覚や親方の指導も必要ですが、相撲界全体が将来を考えて、見直すべきところは思い切った判断で改善する挑戦が必要ではないでしょうか。いずれにしても、体格の見直しは急務ではないかと考えます。

日本相撲協会全体が知恵を出し合って、取組内容を向上させるための対策を練ることが最大のファンサービスではないかと思います。それが改善されていけば、取組の中身にもさらに面白さが見られると思います。「ぶつかってすぐにバッタリ」というあっけない相撲が減ります。両力士の攻防が増し熱戦が続き、技で魅せる力士も増え、大相撲の魅力を再認識してもらえるような時代が来るはずです。

第8章 伊勢ヶ濱親方は語る

現在、最も勢いがある相撲部屋は元横綱旭富士の伊勢ヶ濱親方が率いる伊勢ヶ濱部屋ではないでしょうか。横綱照ノ富士（令和7年一月場所中に引退）を筆頭に熱海富士、宝富士、翠富士、錦富士、尊富士、伯桜鵬と関取は角界で最も多い7人。所属力士36人中7人が関取という脅威の関取輩出率を誇っています。さらには幕下以下にも有望な若手が多数在籍し、虎視眈々と関取の座を狙っています。なぜ伊勢ヶ濱部屋から強い力士が次々と誕生するのでしょうか。伊勢ヶ濱親方にお話を伺いました。現役時代の秘話から、部屋運営の苦労話まで、大いに語ってもらっています。

藤井　親方は相撲界に入って44年目、大島部屋に入門して、昭和56（1981）年の一月に初土俵を踏みました。最高の相撲人生だったのではないかと想像していますが、ご自身としてはどうでしょうか？

伊勢ヶ濱　大島部屋では結構自由にさせてもらって、横綱まで昇進できました。個人としての目標は達成できましたね。部屋を持って強い力士を出すという目標も達成されているんじゃないかな、と思います。

藤井　話によると、現役時代は郷里へ帰ろうと思っていた時期があったそうですが。

伊勢ヶ濱　最初は、十両に上がったら青森に帰ろうと思っていたんですよ。でも、みんなが必死になって応援してくれますから、その気持ちに応えなきゃいけないと思うようになって、それだけでやってきたという感じです。上に行けば行くほど応援が熱烈になってきますから、辞めるわけにはいかない。自分のやる気というよりは、応援に応えなければという一種の義務感でしたね。

藤井　ということは、力士にとって応援してくれる人たちという存在は、やはりなくてはならないものなんでしょうか。

伊勢ヶ濱　私にとっては大きかったですね。ほかの力士はどう思っていたかわからないですけれど、自分はそうでした。

藤井　現役時代は、相撲だけではなくてお酒も強かったとか。

伊勢ヶ濱　昔は、一緒にお酒を飲んで、負けたことがありませんでしたね。一斗樽を一晩で空けてしまったこともあります。30歳ぐらいのときだったでしょうか、朝まで一人で座って飲んでいました。

藤井　何かあったんですか、飲まなきゃいけないようなことが。

伊勢ヶ濱　なんとなく、一人で飲みたかったんですよ。気がついたら朝になっていました。

——あっ、さっき、誰にも負けたことがないって言いましたけど、一人だけ勝てなかった人がいます。福岡巡業中の定宿の、温泉宿の社長さんです。皆で飲んでいるうちに若い衆

は引き上げてしまって、私と社長とで宿のお酒を飲み尽くしてしまいました。なんせ、我々は丼がお猪口《ちょこ》代わりですから。足の踏み場もないほど一升瓶がゴロゴロ転がっていました。さすがにあの日は私もダウンしてしまったんです。朝から、重い体を引きずって巡業に行こうとしたら、その社長はピンピンしてて。ニコニコ笑いながら「頑張ってこーい！」って手を振るんです。あの人にだけは負けましたね。

藤井　さすがの親方でも、お酒では勝てなかった人がいたんですね（笑）。親方がここまで育てた関取は14人になりました。弟子を育てる中で、念頭に置いているのはどんな点ですか？

伊勢ケ濱　指導を最後まで諦めないことです。

指導する私が諦めたらもう終わりですからね。自分自身が諦めない気持ちをずっと持ち続けること、そして、力士たちにも「私も諦めない、君たちも絶対に諦めるな」と伝え続けることと。それは一貫しています。私も、現役時代に病院から土俵に直行したり、横綱昇進を何度も見送られて悔しい思いをしたりしました。でも、絶対に諦めなかった。諦めないのが私のモットーです。

藤井　とは言っても、関取という地位に上がることができるのはほんの一握りで、夢半ばにして終わる力士が大半です。そういう力士に対しても同じ指導をするのですか？

伊勢ヶ濱　入門した子は全員関取になってほしいという思いで臨んでいますから、とにかく「最後まで諦めるな」と伝え続けます。もちろん、いきなり関取を目標にすると息切れしますから、今の状態から一段高いところに目標を設定させています。とりあえずはまず幕下に上がってもらって、次は十両を目指す指導をする。本人たちも昇進が近くなってくれば気合も入って吸収しやすい状態になります。その連続ですね。しかし、おっしゃるように、全員が関取になるのは現実的に不可能です。でも、社会に出ても、新しいステージで貢献できる人間になってほしいです。学びたい子は学校へ、就職するならちゃんとしたところに就職できるようにと、考えながら育てています。親方は、弟子の人間力を鍛えるという重責もあります。

藤井　これまでの伊勢ヶ濱部屋の歴史を考えると、関取がいて、若い力士たちがそこを目指していくという、とてもいい循環で来ているのではという気がします。初の関取は陸奥北海関ですね。

伊勢ヶ濱　陸奥北海は、私が大関の頃の付け人でした。先代の安治川親方から「巡業に行っても、ちゃんと稽古をさせてくれ」と頼まれていて、何年も指導していたんです。下半身が少し弱くて、四股の踏み方から教えました。でも、先代が引退して私が部屋を継いだとき、まだ幕下だったんです。これは集中して指導しようと、徹底的に鍛えました。そしたら、3場所ぐらいでもう関取になりました。

藤井　あっという間でしたよね。

伊勢ヶ濱　先代がいるうちに上がっていれば、陸奥北海も師匠に直接恩返しができたでしょう。先代も、あと3場所親方を続けていれば、自分が出した初めての関取になっていたのに……。ちょっと申し訳ない気持ちでしたね。先代には化粧廻しを贈ってもらったりして、喜んでくれていたので良かったです。

藤井　その陸奥北海関から始まって、14人の関取を育て上げたわけですね。

伊勢ヶ濱　そこからずっと途切れていませんね。うちは、幕下まで上がったら、あとは私が責任を持って昇進させるんです。安美錦、春日富士、日馬富士が上がって、日馬富士は横綱になった。そこに照ノ富士が来た。

藤井　間垣部屋からの移籍でしたね。最初ご覧になってどんな印象でしたか？

伊勢ヶ濱　当時はそんなに大きくはないけど、とにかくものすごいパワーがあって、ちゃんとやれば伸びるなっていうのは、見た瞬間にわかりました。いかんせん相撲を全然知らなくて、技術が全くなかったんです。正攻法で下からガーッとやられる感じには対処できなくて、うちの幕下にも勝てません。ただ、パワーだけでこんな相撲が取れるのなら、少し覚えたら大変身するはずだと思って、毎日泣くほど稽古させました。基本を教えて、日馬富士に胸を出させているうちに、どんどん強くなりましたよ。パワーを生かせる相撲になってきました。

藤井　その照ノ富士関が、今度は胸を貸す立場になりました。

伊勢ヶ濱　そうですね、みんなを押し上げる頼もしい存在になってくれています。

藤井　熱海富士関にしても翠富士関にしても、持ち味が全く違う力士が集まっているように思えますが、それぞれの持ち味を伸ばす指導をするのはなかなか難しいのではないですか？

伊勢ヶ濱　私は、四つ相撲も取れるし、頭をつけて前褌《まえみつ》も取れるし、突き押しもできるし、技術は全部教えられますよ。私は元横綱ですから、どうやったら強くなるかはわかります。

藤井　親方の稽古を何度か見せていただく機会がありましたが、たしかに技術面では一つ一つ丁寧に指導されている印象があります。力士によって、指導の仕方も変わりますか？

伊勢ヶ濱　当然、それはありますよ。なだめて教える、調子に乗せて教える、怒って教える、誰もいないところに呼んで教える……新弟子のうちは褒めて自信を持たせることから始めますが、日々のコミュニケーションで資質を見極めて、相手によって変えていきます。時には無理をしないといけない時期もあります。

藤井　たとえば、三役が目前の熱海富士関ならどんな指導をされていますか？

伊勢ヶ濱　熱海富士は、ちょっと難しいタイプなんですよ（笑）。素直で、右四つという自分の形があるのに、なかなか再現できない。熱海富士くらいになると根気強く厳しく叱りますが、あんまり強く叱ると頭が真っ白になってしまいます。ああいうタイプを教えるのは難しい。ただ、難しいタイプへの最終手段というのもあります。私だって、最後まで諦めるわけにはいきませんから。

藤井　最終手段？　どんな方法ですか？

伊勢ヶ濱　それは企業秘密です（笑）。

藤井　残念（笑）。逆に、教えやすい力士はいますか？

伊勢ヶ濱　うちの子で？　なかなかいないですね――一人一人それぞれ考えて対処してい

ます。教えた端《はな》からすぐにできていれば、そりゃあ日馬富士みたいにすぐ横綱に上がっちゃいますよ。

藤井　日馬富士関は、教えたらすぐできるタイプだったんですか？

伊勢ヶ濱　日馬富士は吸収する力が強いから、幕下の頃から、教えればすぐできていました。私に教えられた通りに相撲を取ったら勝つ。本人も「これでいいんだな」と納得して、また次の日もその通りの相撲を取る。また勝つ。すると、次の段階に進みますよね。「今度はこうなったらこうだよ」ってまた教える、また勝つ。本人も、教えられた通りにやれば勝つから、面白くてどんどん話を聞くようになる。めきめき強くなりました。

藤井　そんなにはいないんですね、日馬富士のような力士は。

伊勢ヶ濱　安美錦なんかもそのタイプでした。教えられたことをその通りにできる。そして勝つ。信頼関係ができるから、どんどんどんどん吸収していくんです。安美錦にも、明日の相手はこう来るから、こうやれば勝つよって言う。その通りやって勝って帰ってくる。次の相手に先場所で負けていたなら、「あの力士の突っ張りは、こうすれば腕が止まるから、その瞬間にこうしろ」と教える。その通りやるから、また勝って帰ってきます。

藤井　言われた通りにそのままやれるというのもセンスですね。尊富士関はどうでしょう？

伊勢ヶ濱　ああいうタイプはね、黙って稽古させておけば強くなります。

藤井　細かいことはあまり言わない？

伊勢ヶ濱　尊富士は稽古さえしていれば上がっていくタイプです。当たって前に押すだけです。四つ相撲でもないし、細かい相撲もそんなに必要ありません。せいぜい押せなくなったときに「頭をつけて前褌取って」という流れだけですから、今はそんなに多くを教えなくてもいいんです。あとは普段から、基礎作りをちゃんと細かくやらせることですね。

藤井　親方自身がいろんなことができただけに、「このぐらいのことが、どうしてできないんだよ」という気持ちになったりはしないですか？

伊勢ヶ濱　そりゃあ、なりますよ。「なんでこんな簡単なことができないんだ！」って言ってますね。

藤井　そういう場合どうするんですか。

伊勢ヶ濱　最終的には後ろにぴったりくっついて、二人羽織状態で手取り足取りです。立ち合いの高い子はどうしたら低くなるかとか、応用編もたくさんありますし、話し出すときりがないです。大体、どの力士も「ここを直せば強くなる」っていうのがあるんですよ。うちに来てから強くなった力士は結構います。

藤井　ということは、全力士を研究しているわけですか？

伊勢ヶ濱　研究というより、この相手はこうやったら勝てるっていうのが、見ていればわ

かるんです。本場所が始まって2、3日たったら、この力士とこの力士の相撲はこうなるな、というのは半分以上予測がつきます。後半になればなるほど精度が上がってきますよ。一度、記者さんの横で取組の予想をしたことがあったんです。この取組は、この力士がこう回り込んで、そこで引かれるか前に落ちるかどちらかで、この力士が勝つだろうって。その通りになったので、記者さんがビックリしていました。

藤井　テレビの解説で、そういうことを話してもらえると面白いですね。他の部屋の力士を見て「あの力士はもっと強くなるはずなのに」と感じることもあるものなんでしょうか？

伊勢ヶ濱　うちが預かった弟子じゃないから、そこまでは考えたことがないですね。入った部屋によって環境も違うし、教える人も教え方も違います。正解がある世界ではないので。

藤井　直近では、4月から宮城野部屋の力士を預かることになって、総勢41人（令和6年九月場所現在36人）となりました。どうですか、落ち着いてきましたか？

伊勢ヶ濱　名古屋の合宿で、だいぶ慣れてきましたよ。宮城野部屋は、稽古の量がうちより少なかったのかもしれませんね。預かった直後から、部屋での稽古もしっかりやらせて、続いての名古屋です。うちの朝稽古は新弟子も横綱も一斉に四股を踏みます。伊勢ヶ濱部屋の稽古はこういうもんだっていうのがわかってきたのではないでしょうか。皆、50番以上はやれるようになってきました。

藤井　稽古の環境も変わったのでしょうか？

伊勢ヶ濱　活気が出てとてもいいですね。人数が多くなった分だけ時間も長くなりますけれど、皆が切磋琢磨して競い合う、いい雰囲気になっています。稽古の時間以外は居心地良く楽しく過ごせるよう気を配っています。食事も、番付順に食べるのが相撲界の通例ですが、うちは、関取衆がまだ来ていなくても、私から下の子たちに先に食べるよう促しています。

藤井　親方ご自身も、いきなり指導をする力士の数が増えると、戸惑いがあるのではないでしょうか？

伊勢ヶ濱　多い時は37人の力士を抱えていたこともあったので、そんなに違和感はないですよ。伊勢ヶ濱部屋を建てた時は、もともと40人を目安に居住スペースを作っていたんです。当初は在籍20人程度だったので、地下の居住スペースに器具を入れてトレーニングルームにしたんですよ。人数が増えた時は、向かいの家を借りて、そこに関取衆を入れたこともありました。だから、今急に人数が多くなったという意識はあまりないんです。関取衆も「昔に戻ったようだ」だと感じているようです。

藤井　なるほど、そうだったんですね。「寝室が足りないのでは」などと報道されることもあったので、心配していました。

伊勢ヶ濱　事情を知らない人から「宮城野部屋の力士を地下に追いやっているのでは」なんて、批判をされるだろうなとは予想していました（笑）。だから、地上と地下は、元宮城野部屋の力士とうちの力士と半々の割合で住まわせています。もともと居住スペースを想定していましたから、24時間ちゃんと換気していて、冷暖房完備で大型の除湿機も入れています。実は地下のほうが静かで快適なので、みんな地下で寝たがっているんです。「地下にいきたい」って言い出す力士もいるほどで「最初に決めたんだからそれはダメだよ」と断っていますけどね。

藤井　部屋の体制はどう変わりましたか？

伊勢ヶ濱　以前、人数が増えたときは、一人一人にまで十分に目が行き届かず、歯がゆい思いをしました。師匠の仕事は稽古指導だけではありません。相撲協会の仕事もあれば、部屋の運営や経営にも頭を使います。相撲未経験者にはちゃんこ作りの包丁の握り方から、社会人としての常識や振る舞い方までゼロから教えないといけません。血気盛んな若い男の子たちばかりですから、トラブルは日常茶飯事です。私一人で面倒を見られるのは24、25人が限界だなと実感して、その後はあまり弟子を取らないようにしていたんです。今は、楯山《たてやま》（元前頭誉富士）・宮城野・（元横綱白鵬）、間垣（元前頭石浦）と部屋付きの親方が3人います。そして、横綱照ノ富士をはじめとした先輩力士たちがそれぞれ若い子の指導を担ってくれています。弟子も育って土台がしっかりできているから、この人数になってもスムーズに運営できていますよ。

藤井　そういう経緯があったんですね。さて、このところの相撲界は、尊富士であったり大の里であったりと、新しい顔ぶれが次々と出てきています。この状況をどう捉えておられますか？

伊勢ヶ濱　若い力士が台頭してきて下から追い上げてくる。刺激があっていいですね。

藤井　新入幕力士があっという間に優勝を勝ち取ることができてしまって、あっけなく感じることもあります。番付を譲らないどっしりと落ち着いた力士が出てこない。番付の重

みがちょっと薄れたという見方もあります。

伊勢ヶ濱　たまたま今、素質がある力士が誕生しただけのことだと思います。上に強い力士がいて、皆がそれを目標に向かっていく。下から追い上げられることで上も頑張る。その中からポツポツと若手が台頭してくる。今入門した力士たちが上に上がっていけば、また変わってきますよ。今は入れ替えの時期なのではないでしょうか。

藤井　それは、親方自身の実体験からそう思われるんですね。ということは、これから伸びようという力士にとっては、大きなチャンスの時期なのかもしれませんね。

伊勢ヶ濱　そうですね。今の若手がどんどん上へ上がっていけば、またどっしりした番付になってくるんじゃないでしょうか。その間に、また下から追い上げてくる。相撲って、その連続だと思います。

藤井 最後に、（日本相撲協会の）定年まであと1年。やり残したことはないですか？

伊勢ヶ濱 辞めても部屋にはいますから、預かった力士がいる限りはちゃんと指導は続けます。あと4、5年あれば、もう一人か二人は上の方に行きそうです。新弟子も探しますし、肩書が変わってもやることは変わらず、前に進み続けるだけですね。

（令和6年夏にインタビュー／撮影　松本幸治）

終章　大相撲への期待

大相撲に望むこと

1500年の歴史を誇り日本の国技といわれる大相撲に、外国からの波が押し寄せて久しくなります。そして、今やその頂点の横綱は、モンゴル出身の照ノ富士ただ一人という状況が、すでに3年も続いています。そんな現状が良いか悪いかは、いまここで触れようとは思いません。ただ、言えることは、大相撲の伝統を考えれば、日本の若者たちも外国からの若者たちも、日本の大相撲の歴史の中で育まれた美学を理解し、後世に伝えてもらいたいと思います。

大相撲の始まりは当麻蹴速《たいまのけはや》と野見宿禰《のみのすくね》の壮絶な「果たし合い」だったのかもしれません。しかし、長い年月をかけて大衆が楽しめる競技に洗練されてきました。単なる「スポーツ」ではありません。ですから、本書で私自身も、極力「スポーツ」という言葉を使わず「競技」と記してきました。その競技の中にも「文化」があり「様式美」が彩を添えています。力士、親方、行司、呼出、床山、若者頭、世話人など、ここに関わるすべての人たちは、教科書で大相撲を学ぶわけではありません。過去から現在まで、先輩の動作を見ながら、習わしを聞きながら「大相撲」を身に付けてきました。これは、将来も変わることはないと思います。そこで、こうしたしきたりや伝統についての指導や伝承をすることも、師匠や親方、行司や呼出、床山などの先輩たちの重要な役割です。そして伝統の継承は、私たち「大相撲」の放送に携わる者にとっても大事な責務です。大相撲ならではの「専門用語」についても、その使い方や意味を理解した上で、後世に伝えていかなければなりません。

大相撲中継の一員となって数年経った頃、ある先輩から「藤井くん、視聴者にとって大相撲は娯楽なんだよ。アナウンサー自身が楽しまなければ、観る人聴く人も楽しめない。きみの放送はきちんとしていて安心できるけど、放送席でもっと楽しんだほうがいいよ」。こんなアドバイスをされました。そう言われた時「確かに、今まで周到に準備をして大事な情報はその場に応じて伝えてきた。解説者にも必要なことは聞いてきた。ただ、放送席で大相撲を楽しんでいるかと問われれば、楽しむほどの余裕はないかもしれない」と自分自身を顧みることになりました。そこから、放送席に座りマイクに向かう時の気持ちが楽になりました。

生活をかけ、夢を抱いて真剣勝負をしている力士や、それを指導する親方、そしてその大相撲界で様々な役割を果たしている多くの人たちに対して、「大相撲は娯楽」と言い切るのは無礼千万かもしれません。それでも、大相撲を供給する側と、大相撲を需要する側があれば、需要側のほとんどが「娯楽」として大相撲を観戦しています。だからこそ、長きにわたり大相撲が大衆に支持され、ここまで繁栄を保ってきました。

需要側としての大相撲ファンの楽しみに応えられるように、大相撲界が常に工夫を凝らしながら上質の大相撲を供給する、そんな関係であってほしいと思います。さらに、今だけの大相撲ではなく、これから先の大相撲を見据え、伝統を守り継承しながらも時代に即した対応を取り続けてもらいたいものです。どうか、大相撲が永遠であってほしいと心から願います。

［主な参考文献］

財団法人日本相撲協会広報部資料
日本放送協会放送博物館資料
『大相撲力士名鑑』（水野尚文　京須利敏・共同通信社）
『相撲史うらおもて　その一』（小島貞二・ベースボールマガジン社）
『大相撲ものしり帖』（池田雅雄・ベースボールマガジン社）
『大相撲おもしろ百科』（小室明・毎日コミュニケーションズ）
『大相撲こてんごてん』（半藤一利・ベースボールマガジン社）
雑誌『相撲』（ベースボールマガジン社）
雑誌『ＮＨＫ大相撲中継』（ＮＨＫ　Ｇ-Ｍｅｄｉａ）
雑誌『大相撲ジャーナル』（アプリスタイル）

あとがき

人として生まれてくると、毎日毎日数えきれないほどの「選択」の瞬間があります。「ネクタイはどれにしようか」「昼には何を食べようか」「電話にしようかメールにしようか」「ビールにしようかワインにしようか」「休みには何をしようか」……。もっと大きな選択もあります。「どの企業の就職試験を受けようか」「どこに家を持とうか」……その時々で常に選ばなければなりません。趣味や娯楽の中でも「選択」の連続です。「この状況ではどのクラブを使おうか」「次の一手はどれにしようか」「次は何を歌おうか」「テレビは何を観ようか」「どのパソコンを購入しようか」……。無意識のうちの「選択」も含めると、数えきれないほどの「選択」を日々繰り返しています。その「選択」の結果によっては、大げさに言えば、人生の方向が定められることもあります。ただ、たとえ間違った「選択」をしたとしても、タイミングによってはやり直すこともできます。

人生を考える時に、もう一つは「偶然」というものの作用です。いいえ、時には「必然」なのかもしれません。自分自身の67年余りの人生を振り返る時、「選択」と「偶然」なくしては語れません。「祖父が偶然、大相撲にかなりの興味を持っていた」「たまたまＮＨＫに就職した」「スポーツアナウンサーの道を選んだ」「その中でも大相撲を選択した」……。

一つでも「偶然」がなければ、大相撲に惹き込まれていなかったかもしれません。一つでも異なる「選択」をしていれば、40年間も大相撲に関わることはなかったでしょう。「選択」と「偶然」をくりかえしながらここまで来た自分自身の人生が、はたして最良の道だったのかどうかはわかりません。比べるものがないわけですから。しかし、大きな後悔はどこにもありません。「幸せな人生」だと思うことが、また新たな幸せを呼び込んでくれるような気がします。最後に自身の半生を書き連ねましたが、何よりも「生まれてきた日本に大相撲が存在していて良かった」と思わずにはいられません。身勝手な意見も遠慮なく書きました。大相撲が永遠に続いてほしいと願うからこそです。

結びに、本書を執筆、出版するにあたり、多くの方々にご協力をいただきました。

初めに、令和6年七月場所直前のあわただしい中、対談を快く引き受けて下さった日本相撲協会の伊勢ヶ濱正也親方、その許可を下さった公益財団法人日本相撲協会に心からお礼を申し上げます。さらに出版にあたっては、株式会社ネオパブリシティの五藤正樹さん、株式会社東京ニュース通信社の影山伴巳さん、小林圭さん、株式会社アバンティジャパンの西尾達也さんをはじめ、大勢の皆さんにご指導やご協力をいただきました。ここに、簡単ではありますが謝意を表します。

最後までお読みいただいた皆様、誠にありがとうございます。

この著書を書き終え出版を目前にしたところで、北の富士さんの訃報に接することになってしまいました。茫然とし、しばらくは何も手に付かず無念の思いでいっぱいです。

九重親方時代におよそ15年、解説者として25年の長きにわたりお世話になりました。北の富士さんの懐の深さ、人間力には脱帽し続けました。『語りの天才』であり『聞かせる達人』でした。北の富士さんの昔話には惹き込まれ、そこには情景が浮かんでくる物語がありました。力士、親方、解説者の三時代にわたり築き上げた他の世界との人脈が、北の富士さんの魅力を膨らませてきたのだと察します。『粋』が滲《にじ》み出るたたずまいや言動は常に憧れでした。今でも、北の富士さんのように生きてみたいと思い続けています。

できることならば今一度、放送でご一緒したい。今一度、酌み交わしながら昔話を笑って聞きたい。そんな未練でいっぱいです。どうぞ安らかにお休み下さい。次回、お会いするときまで楽しみを抱き続けておきます。ありがとうございます。

藤井康生

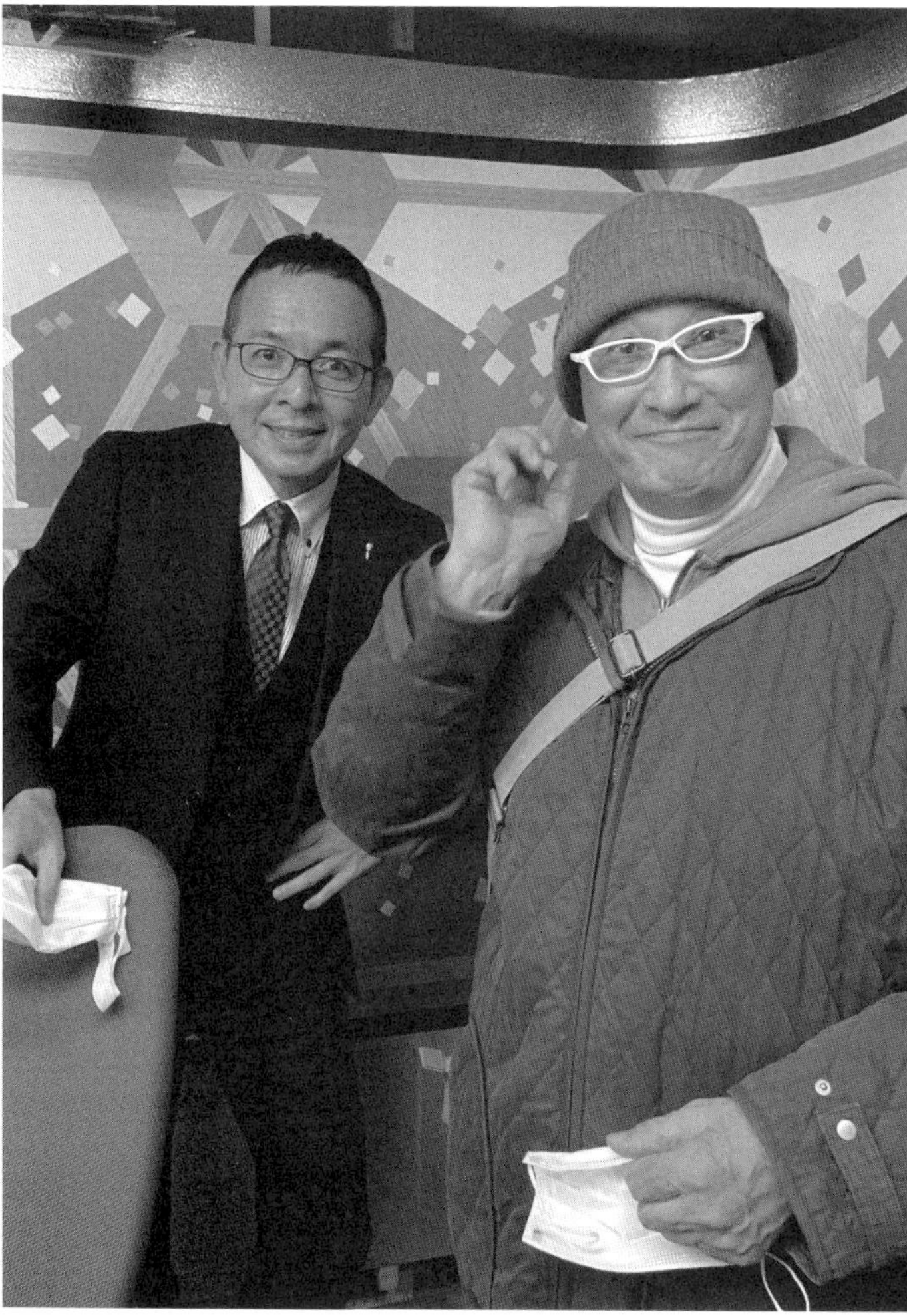

藤井アナのNHKでの大相撲テレビ中継最終日　令和4年一月場所12日目(1月20日)北の富士さんとの最後の放送直後の2ショット(コロナの時代ながらマスクを外しての記念撮影)
(写真　著者提供)

藤井康生（ふじい・やすお）

フリーアナウンサー（元NHK エグゼクティブ アナウンサー）
公益財団法人日本相撲協会記者クラブ会友　JRA日本中央競馬会記者クラブ会友

昭和32年1月7日生まれ　岡山県倉敷市出身　岡山朝日高校〜中央大学法学部卒
昭和54年4月　日本放送協会（NHK）入局
北見―京都―大阪―東京―福岡―東京―名古屋―東京の各放送局に勤務
令和4年1月31日　NHKを定年退職
令和4年3月17日　株式会社17（ワンセブン）設立　委託契約フリーアナウンサー
令和4年3月〜　「ABEMA大相撲LIVE」で実況担当
令和4年4月〜　YouTubeチャンネル「藤井康生のうっちゃり大相撲」を開設
令和4年5月1日　学校法人大阪学院大学特任教授に就任

NHKアナウンサーとして43年間、おもにスポーツ放送（大相撲、競馬、水泳など約30種）を担当。
《大相撲》
昭和59年名古屋場所から約38年間担当。平成13年夏場所千秋楽、貴乃花が膝を脱臼しながら武蔵丸に勝ち、鬼の形相となった一番や、平成20年初場所千秋楽の朝青龍、白鵬両横綱の大熱戦などを実況。

Staff
企画・編集　五藤正樹（ネオパブリシティ）
デザイン　金井久幸（TwoThree）

大相撲中継《おおずもうちゅうけい》アナしか語《かた》れない
土俵《どひょう》の魅力《みりょく》と秘話《ひわ》

第1刷　2025年3月12日

著者　藤井康生
発行者　奥山 卓
発行　株式会社東京ニュース通信社
〒104-6224　東京都中央区晴海1-8-12
電話 03-6367-8023
発売　株式会社講談社
〒112-8001　東京都文京区音羽2-12-21
電話 03-5395-3606
印刷・製本　株式会社広済堂ネクスト

ISBN978-4-06-539541-7